阅读推广人系列教材（第三辑）

中国图书馆学会　编
王余光　霍瑞娟　李东来　总主编

地方文献与阅读推广

主　编　王以俭　廖晓飞
副主编　夏飞凤　黄　蓉

Local Literature and Reading Promotion

朝華出版社
BLOSSOM PRESS

图书在版编目（CIP）数据

地方文献与阅读推广 / 王以俭，廖晓飞主编．-- 北京：朝华出版社，2020.2
阅读推广人系列教材．第三辑
ISBN 978-7-5054-4493-5

Ⅰ．①地… Ⅱ．①王… ②廖… Ⅲ．①图书馆—读书活动—教材 Ⅳ．① G252.17

中国版本图书馆 CIP 数据核字（2019）第 093596 号

地方文献与阅读推广

主　　编　王以俭　廖晓飞
副 主 编　夏飞凤　黄　蓉

选题策划　张汉东
责任编辑　赵　倩
特约编辑　张北鱼
责任印制　张文东　陆竞赢

出版发行　朝华出版社
社　　址　北京市西城区百万庄大街 24 号　　**邮政编码**　100037
出版合作　（010）68995593
订购电话　（010）68996050　68996618
传　　真　（010）88415258（发行部）
联系版权　j-yn@163.com
网　　址　http：//zhcb.cipg.org.cn
印　　刷　文畅阁印刷有限公司
经　　销　全国新华书店
开　　本　710mm × 1000mm　1/16　　**字　　数**　155 千字
印　　张　10.5
版　　次　2020 年 2 月第 1 版　2020 年 2 月第 1 次印刷
装　　别　平
书　　号　ISBN 978-7-5054-4493-5
定　　价　45.00 元

阅读推广人系列教材

编委会

总序

由中国图书馆学会（以下简称“中图学会”）主持编写的丛书“阅读推广人系列教材”，是中图学会“阅读推广人”培育行动的一部分。

自 2005 年中图学会设立科普与阅读指导委员会（2009 年更名为“阅读推广委员会”）以来，各类型图书馆逐步重视开展阅读推广活动，并取得了丰硕的成果。在阅读推广过程中，很多图书馆面临不少问题，其中没有适合从事阅读推广的馆员是一个重要问题，而这对图书馆阅读推广活动能否持续、有效、创新地开展，将产生重要的影响。

鉴于此，中图学会阅读推广委员会于 2013 年 7 月，在浙江绍兴图书馆举办了“首届全国阅读推广高峰论坛”。这一论坛的目的是为图书馆免费培训阅读推广人，造就一支理念新、专业强、技能高的阅读推广人才队伍。首届论坛获得了图书馆界同人极高的评价。此后，在 2014 至 2015 年，中图学会阅读推广委员会又在常熟、石家庄、镇江、成都、临沂举办了五次免费培训，都取得了良好效果。

在绍兴阅读推广人培训之后，中图学会阅读推广委员会便着手考虑培训的专业化与系统性。为了更好地将阅读推广人培训工作顺利推进，委员会于 2014 年 7 月为中图学会制定了《培育阅读推广人行动计划（草案）》。该草案分四个部分：前言、培训课程体系与教材、专家组织、考核与能力证书授予等。关于阅读推广人，“前言”中写道：

“阅读推广人”是具有一定资质，可以开展阅读指导、提升读者阅读兴趣和阅读能力的专业与业余人士。

全民阅读、阅读推广，是立足中国文化、提高中华民族素质与竞争力的重要举措，近两年来受到政府与社会的广泛关注。为了推动全民阅读工作规范有效开展，培训“阅读推广人”，则是十分重要与必要的，也是很多机构，如学校、图书馆、大型企业、宣传部门十分需要的。

中国图书馆学会长期以来开展阅读推广活动，积累了丰富的经验，并拥有一批该领域的专家学者，从事全民阅读与阅读推广研究，他们承担课题或从事教育培训，取得了一定的成果，为进一步开展“阅读推广人”的培训、资格认证提供了重要的基础。作为以促进全民阅读，为读者终身学习提供保障为目标和社会责任的图书馆，应当成为阅读推广人培养与成长的摇篮。

中国图书馆学会为了更好地帮助图书馆、学校、大型企业、宣传部门等机构开展阅读推广工作，将阅读推广人培训作为自己一项长期工作。为了培训工作更好与规范地开展，特制订《培育阅读推广人行动计划》。参加培训的学员，通过一定的考核，中国图书馆学会将授予学员“阅读推广人”资格证书。

2014 年 12 月 11 日，中图学会阅读推广委员会举办的“全民阅读推广峰会暨‘阅读推广人’培育行动启动仪式”在常熟图书馆召开。会上，中图学会正式启动“阅读推广人”培育行动。

在“阅读推广人”培育行动中，教材的编写成为首要任务。这套“阅读推广人系列教材”是国内首套针对阅读推广人的教材。由于没有相关的参考著作，教材可能还存在一些不足。在今后使用过程中，对教材中存在的问题与不足，主编将做进一步的修订与完善。这套教材的问世，对中国阅读推广人的培育将发挥积极的推动作用。

“阅读推广人系列教材” 编委会

美美与共　天下大同（代前言）

著名社会学家费孝通先生曾说过："各美其美，美人之美，美美与共，天下大同。""各美其美"指不同特色的地方文化，世界文化之所以丰富，源于其特色。"美人之美"就是尊重不同特色，承认世界文化的多样性。"美美与共，天下大同"就是要推动文明的交流互鉴，丰富人类文明的色彩，让世界各国人民享受更有内涵的精神生活，实现人们对美好生活的向往。

实现"各美其美，美人之美，美美与共，天下大同"，就图书馆工作者而言，其中一项重要的工作，就是要保存、推广多元化的文化，使更多的读者了解、尊重文化的多样性。也就是说要做好地方文献的征集利用、宣传推广等工作。

地方文献系统记载一个地区政治、经济、文化、艺术、山川、河流、人物、习俗、气候、物产、资源等各方面情况，是不同地域、不同特色世界文化的具体体现。阅读推广是社会组织或个人，为了促进人们阅读，采用适当的途径和方式，开展的扩大阅读作用，增强阅读影响力的相关活动。做好地方文献的阅读推广工作，其目的都是为了特色地方文化的传承与弘扬。

正是本着"各美其美，美人之美"的宗旨，在中国图书馆学会阅读推广委员会的支持下，绍兴图书馆承接了"阅读推广人系列教材"第三辑《地方文献与阅读推广》一书的编撰任务。编撰人员除了绍兴图书馆相关人员外，还邀请"阅读推广人系列教材"第二辑《图书评论与阅读推广》一书副主编、嘉兴市图书馆古籍与地方文献部主任郑闯辉先生参与。

我衷心期待，“阅读推广人系列教材”第三辑《地方文献与阅读推广》一书的编撰、出版、发行，能推进图书馆的地方文献工作，并促进地方文献的阅读推广工作，进而实现费孝通先生所倡导的“美美与共，天下大同”。

王以俭

2019.3.8

目 录

第一讲 地方文献概述

英国哲学家卡尔·波普尔认为：若图书馆和我们从中学习的能力依然存在，在遭受重大损失之后，我们的世界会再次运转[①]。人类的文明之所以能够重现，是因为图书馆保存着文献，是人类知识的宝库，是人类的百科全书。

文献是以文字、图像、符号、声频、视频等形式所记载的知识载体，而地方文献是记述地方情况或内容具有地方特点的文献。文献是人类文明能够重现的关键。波普尔所表述的观点也可以用以下的词语来表述：某个地方的物质文明如果毁灭了，但只要这个地方的地方文献仍然存在，则这个地方的文明还可以重现。本讲的主要内容是讲述地方文献的概念、类型、特征、作用等。

第一节　地方文献概念

地方文献由“地方”与“文献”两个单词所组成，地方文献概念的界定需在“地方”与“文献”两个单词含义上开展。

一、“地方”一词的含义

“地方”一词的含义，有多种解释，各类词典有以下释义。

《现代汉语词典》有两种读音，五种解释。一是读音为 dìfāng，有三种解释。

---

① 卡尔·波普尔．客观知识——一个进化论的研究［M］．舒炜光，卓如飞，周柏乔，等，译．上海：上海译文出版社，1967：116.

①中央下属的各级行政区划的统称（跟“中央”相对）：这项工程有中央投资，也有～投资。②军队方面指军队以外的部门、团体等：培训军队和～两用人才。③本地；当地：他在农村的时候，常给～上的群众治病。二是读音为：dì·fang，有两种解释。①（～儿）某一区域；空间的一部分；部位：你说什么～的人？｜你听，飞机在什么～飞？｜会场里人都坐满了，没有～了｜我这个～有点儿疼。②部分：这话有对的～，也有不对的～。

《辞海》有以下四种解释。① 领域。《管子·形势解》：“桀、纣贵为天子，富有四海，地方甚大，战卒甚众，而身死国亡。” ② 旧时指地保、保正。《京本通俗小说·错斩崔宁》：“〔朱老三〕叫起地方，有杀人贼在此，烦为一捉！” ③ 处所。《西游记》第十八回：“我问你一个信儿，此间是甚么地方？”亦指方面。《红楼梦》第九十三回：“老爷既这么说，想来芹儿必有不妥当的地方。” ④ 我国中央以下各级行政区域的统称。如：地方官；从中央到地方都要厉行节约。

《当代汉语词典》有以下四种解释。① 各级行政区划的统称：发展～工业 / 从中央到～都要厉行节约。② 本地、当地：外来干部和～干部要互相尊重。③ 某一区域；空间的一部分、部位：他是什么～的人？ / 你听，飞机在什么～飞 ?/ 院子太小，没有～晒衣服 / 肋骨这个～有点疼。④ 部分：说得不对的～，请多多指正。

《汉语倒排词典》在现代汉语词典之外，增加一条，即，合适的位置、要害处：这桌子放得不是～ / 你的话说得正是～。

以上词典对“地方”一词的释义，比较全面。“地方”一词因使用环境不同，释义也不同。本文的“地方”一词，其释义为行政区域为主的地理区域。

二、“文献”一词的含义

《现代汉语词典》的释义如下。有历史价值或参考价值的图书资料：历史～｜科技～。

《辞海》的释义为：原指典籍与贤者。《论语·八佾》：“夏礼吾能言之，杞不足徵也。殷礼吾能言之，宋不足徵也。文献不足故也。足，则吾能徵之矣。”朱熹注：“文，典籍也；献，贤也。”后专指具有价值或与某学科相关的图书文献资料，如历史文献、医学文献等。今为记录知识的各种载体的统称，即以文字、图像、符号、声频、视频等手段记录人类知识的各种载体（如竹帛、纸张、胶片、磁带、磁盘、光盘等）。

《宣传舆论学大辞典》对“文献”一词的解释为:“文献”一词出自于“《论语·八佾》篇中，最初，“文”与“献”是两个单词，“文”，指有关典章制度的文字资料;“献”，指多闻熟悉掌故的人。后来融合为一，泛指有史料价值的文章和图书。

《新语词大词典》对“文献”一词的释义为：以文字、图形、符号、声频、视频等为主要记载手段的一切知识载体。《汉语倒排词典》认为“文献”是有历史价值或参考价值的图书资料。《新闻学大辞典》将“文献”定义为用文字、图形、符号、声频、视频等技术手段记录人类知识的一种载体。《中国读书大辞典》认为“文献”必须具备两个要素：被固化于物质载体上的知识信息，记录知识信息的物质载体。“文献”是指以文字、图像、符号、声频、视频等为记录手段的一切知识载体。而《科技编辑大辞典》《军事大辞海》《社会科学大词典》，及 1983 年 7 月 2 日发布的国家标准《文献著录总则》等均将“文献”定义为：记录有知识的一切载体。2017 年 11 月颁布的《中华人民共和国公共图书馆法》第一章总则第二条将“文献信息”的范围界定为：图书报刊、音像制品、缩微制品、数字资源等。

综上所述，以上辞典、标准、法律对“文献”一词的释义，基本一致。本文的“文献”一词，其释义为“记录知识的一切载体”。包括书籍、期刊等出版物在内，凡载有文字的甲骨、金石、简帛、拓本、图谱乃至缩微胶片、光盘、声像资料等，皆属“文献”的范畴。

更进一步分析“文献”具有内容和形式两个方面。内容指文献所包含的思想、知识和信息，形式指思想、知识和信息赖以依附的物质载体。它是社会信息与记载体的综合概念，即不单指载体，也不单指内容。文献是人类文明的重要构成部分，是推动社会发展的有力工具之一。文献具有存储信息、传递信息两大基本功能。随着社会的发展，文献的传递作用更为明显。文献的大量出版是为了广泛传播，人们创造出不同的载体形式也是为了便于传播。

三、“地方文献”的定义

“地方文献”由“地方”与“文献”两个单词组成，是“地方”的“文献”，不是“地方”加“文献”，也不是“地方”与“文献”。根据“地方”和“文献”两个单词的含义，“地方文献”的“地方”应是以行政区域为主的地理部位，地方文献的“文献”应是“记录知识的一切载体”。“地方文献”的“地方”是“文献”的定语，限定、修饰“文献”的品质与特征。

《图书情报词典》将“地方文献”一词定义为：记述地方情况或具有地方特点的文献。包括方志、地方史料、地方人士著作与地方出版物。“地方文献”是了解与研究地方状况及地方人物的重要资料。图书馆（尤其是地方公共图书馆）常辟为专藏。

图书馆界对“地方文献”一词定义的界定，主要内容是基本相同的，但因角度不同，在具体内容上有不同的理解，主要有以下四种。

（一）“三段论”

经典“三段论”是指将地方文献分为地方史料、地方人物与著述、地方出版物。经典“三段论”的代表人物是我国图书馆学史著名理论家杜定友先生。杜先生认为“地方文献是指有关地方的一切资料，表现于各种记载形式的，如图书、杂志、纸、图片、照片、影片、画片、唱片、拓本、表格、传单、票据、文告、手稿、印模、薄籍等”①。杜定友先生是国内最早的定义地方文献的学者，杜定友先生所创立的地方文献经典“三段论”，对我国图书馆地方文献建设影响很大，后人基本上都是遵循这一定义，并在此基础上有所拓展。宁夏回族自治区图书馆研究馆员高树榆认为并非一切文字资料、印刷品都可称为文献，也并非与某一地方有关的片言只语都可列为地方文献，只有内容具有史料价值，形式是典籍文章制度之类，包括书籍、报纸、杂志、论文、制度、报告、调查、图片、地图、文艺作品等，才可算作地方文献。地方文献可以分为地方出版物、地方人士著述、论及地方的著述。不是所有的地方出版物都是地方文献，只有内容与地方相关的出版物才是地方文献。高树榆认为有著述的地方人士，既包括原籍为该地的，也包括原籍虽不

---

① 杨战朋 . 谈地方文献的重新界定［J］. 河南图书馆学刊，2014（7）：34.

在该地但曾在该地任职、居住，并有相当影响的人。

（二）地域论

从地域文化角度来定义地方文献的概念，其代表人是中山大学教授骆伟。他认为："地方文献是反映特定区域内一切自然现象和社会现象以及群体活动方式的记录，凡在内容上涉及该区域并具有一定价值的软文化，均属地方文献。"[①]河南省新野县图书馆韩宗欣认为凡是内容上有关一定地区的、具有地方特点的一切文献资料，不管其记述的角度如何，不管其形式如何，不管著述人的籍贯在哪里，不管其出版物在何地，都称为地方文献[②]。

（三）载体论

载体论者主要从技术、知识、符号和载体的角度来定义地方文献，其代表学者是首都图书馆原副馆长韩朴等人，他们依据文献是"记录有知识的一切载体"这一定义，认为地方文献是指在内容上具有地方性，同时又具有重复使用价值的文献[③]。

（四）史料论

史料论者认为内容上具有地方特征的包含历史信息的一切文献。其代表人物为浙江图书馆原副馆长王效良等人，认为地方文献的本质属性是"史"的范畴[④]，湖南图书馆原馆长张勇认为地方文献从本质上讲属于文献，地域特征是地方文献的基本特征[⑤]。

图书馆界对"地方文献"的四种定义各有千秋，综观各类定义，下列表述相对比较全面。地方文献是系统记载一个地区政治、经济、文化、艺术、山川、河流、人物、习俗、气候、物产、资源等各方面情况，具有参考价值、信息价值、研究价值的知识载体。地方文献是个总称，地方文献的内容范围十分广泛，凡是内容与本地有关，并以各种形式记载、表现的一切资料，均属地方文献的

① 杨战朋．谈地方文献的重新界定［J］．河南图书馆学刊，2014（7）：34.
② 骆伟．论地方文献［J］．图书馆论坛：1988（3）：14.
③ 韩宗欣．积极开发馆藏地方文献［J］．河南图书馆学刊：1986（3）：34.
④ 韩朴．关于图书馆地方文献工作基本理论问题的几点探索［J］．图书馆学刊，1989（2）：35.
⑤ 王效良．构建当代地方文献体系的几点思考［J］．晋图学刊，2003（1）：6.

内容范围。

第二节　地方文献类型

按照文献划分的一般标准，地方文献可划分为以下十种类型。

一、按载体划分

按文献载体材料划分，地方文献可划分以下五种。

（一）原始材料型。如甲骨文、竹简、木简等。如图 1–1。

（二）纸质型。如传统的线装古籍、平装书、手稿、信札等。如图 1–2。

（三）感光材料型。如照片、缩微胶卷、电影拷贝等。

（四）存储介质型。如录音带、录像带和计算机用的磁盘和光盘等。

（五）硬盘存储型。如固态电子存储芯片、网络服务器、云服务空间等。

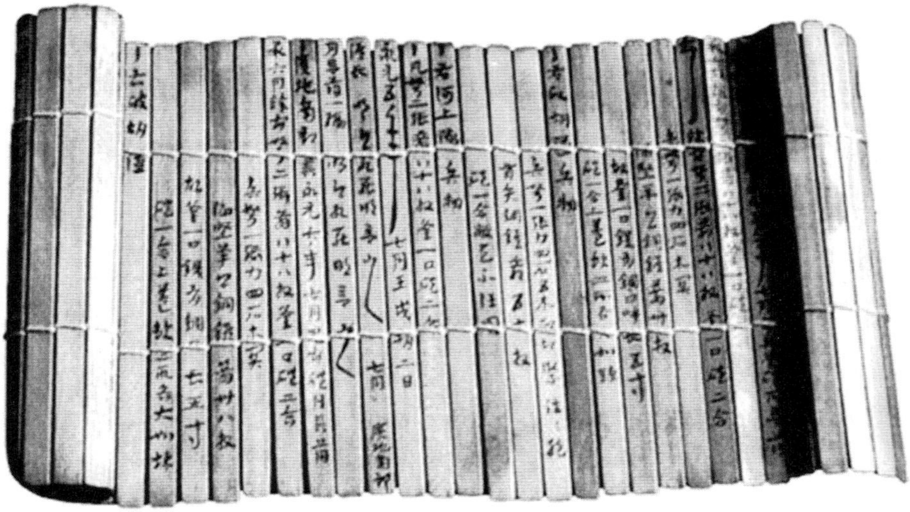

图 1–1　原始材料型地方文献——竹简

图 1-2　纸质型地方文献——线装古籍

二、按文献出版特点划分

按文献编辑方法和出版特点划分，地方文献可划分为以下四种。

（一）图书类文献。指编辑出版的地方年鉴、地方志、地方史、地方概览、专题资料汇编、地方丛书、文献汇编等正式出版和非正式出版的图书资料。

（二）报刊类文献。指正式出版或非正式出版的当地机关报、专业报、期刊等报刊资料。

（三）数字文献及其他多媒体文献。指自行制作与采集的数字文献与多媒体文献。

（四）散页类及其他文献。指舆图、图片、票据、证券、文告、传单、商标等地，如：各地景点胜迹介绍、区域或机构的形象宣传、特色节会或民俗文化资料、企业和产品介绍等。

三、按文献记录方法划分

按文献记录方法划分，地方文献可划分为以下四种。

（一）手写型。指用钢笔、毛笔等手工书写的各类文献。如图 1–3。

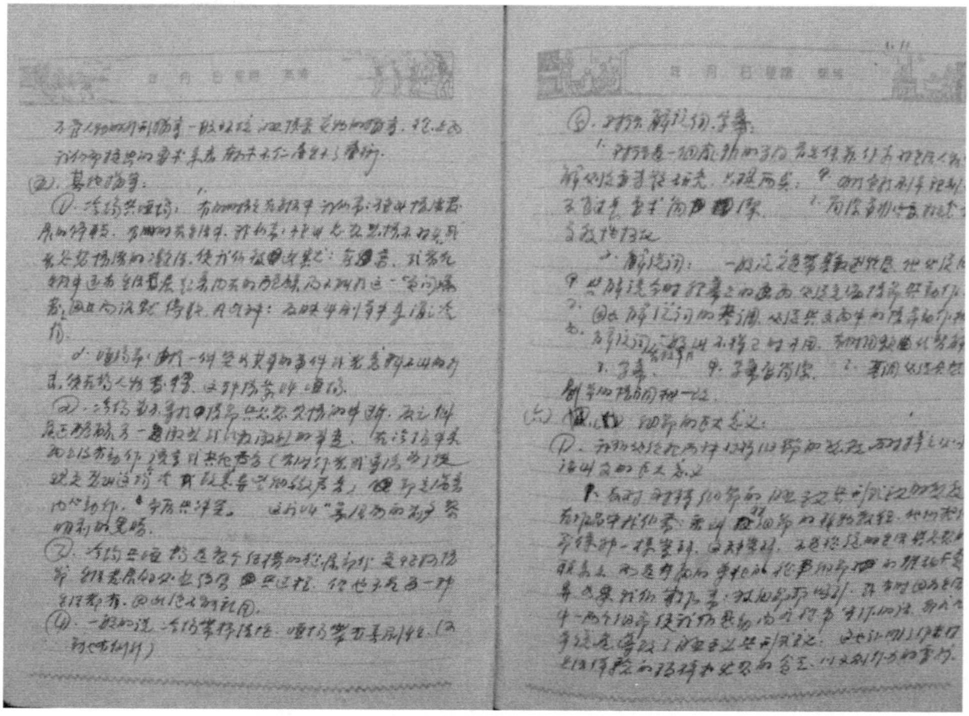

图 1–3　手写型地方文献——笔记

（二）印刷型。指通过拓印、油印、铅印、凸版印刷、凹版印刷、平版印刷、丝网印刷、孔版印刷等所成批量生产的各类文献。

（三）刻录型。指刻在甲骨、竹、木、石等物体上的文献。磁盘通过电磁流，VCD、DVD 等光盘通过激光，将转码后的信息刻录在介质上的文献。如图 1–4。

（四）拍摄型和下载型。指照片、缩微胶卷、电影拷贝、硬盘存储、网络服务器、云服务空间等。

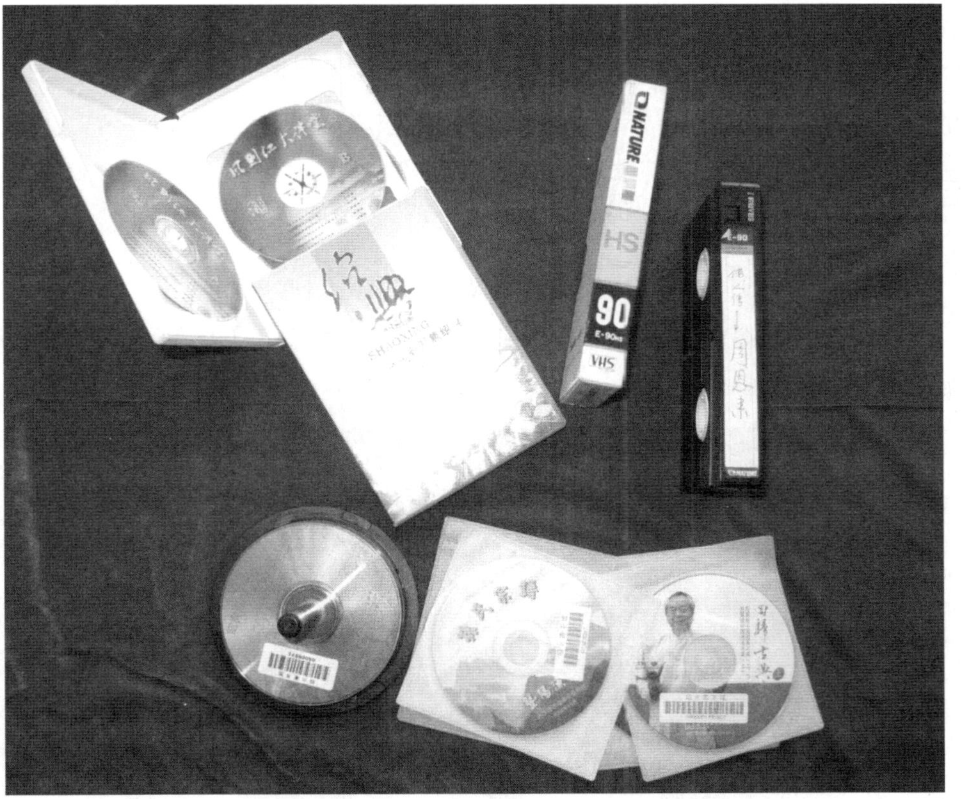

图 1-4　刻录型地方文献——磁盘、VCD、DVD 等数字光盘

四、按文献出版方式划分

按文献出版方式划分，地方文献可划分为以下两种。

（一）正式出版物。指以传播为目的，贮存知识信息并具有一定物质形态，符合出版法规规定，经批准同意出版的公开出版物。正式出版物可以分为广义出版物、狭义出版物、传统出版物、新型出版物、其他出版物等。其中广义出版物分为定期出版物和不定期出版物两大类。定期出版物又分为报纸和杂志（也称期刊）两类；不定期出版物以图书（包括书籍、课本、图片）为主；狭义出版物只包括图书和杂志，不包括报纸；传统出版物包括报纸、杂志和图书等印刷品；新型出版物为非印刷品的出版物，如唱片、缩微胶片、录音带、录像带、光盘等，通称为缩微制品、电子出版物；其他出版物主要根据出版者的不同，将出版物划分为政府出版物、机关团体出版物和一般出版物等；

（二）非正式出版物。指根据出版法规规定，无须批准同意的、不公开发行的内部出版物等，如宣传资料、简介等书刊、讲义等。

五、按文献出版时间划分

按文献产生时间划分，地方文献可划分为以下三种。

（一）古代文献。指民国元年（1912）年前以各种形式记载、呈现的各类文献，如图 1–5。

图 1–5　古代文献型地方文献

（二）民国文献。指民国元年（1912）年至 1949 年中华人民共和国成立前，以各种形式记载、呈现的各类文献。

（三）当代文献。指 1949 年中华人民共和国成立后，以各种形式记载、呈现的各类文献。

六、按版本形式划分

按版本形式划分，地方文献可划分为以下八种。

（一）刻本。指雕版印刷而成的书本，亦称刊本、椠本、镌本。

（二）石印本。指用石印印刷的图书，采用药墨写原稿于特制纸上，覆于石面，揭去药纸，涂上油墨，然后用沾有油墨的石版印书。

（三）铅印本。指以铅活字排印的线装书。

（四）影印本。指采用照相技术将原本复制的文献资料，可以原本影印，也可以缩印。

（五）稿本。指已经写定尚未刊印的书稿。其中，由作者亲笔书写的为手稿本，由书手抄写又经著者修改校定的为清稿本。稿本分为作者首次撰写的初稿本、作者或他人所修订改写过的修改稿本、最终修改完成的定稿本。

（六）抄本。指按原书抄写的书籍。

（七）拓本。指摹拓金石、碑碣、印章之本。拓本用纸紧覆在碑碣或金石等器物的文字或花纹上，用墨或其他颜色打出其文字、图形来的印刷品。按用墨分，可分为墨拓本、朱拓本。按拓法分，可分乌金拓、蝉翼拓，拓本实物最早见于唐代。

（八）复印本等。指所有的内容都是复印而装订而成的文献资料。

七、按文献传播范围划分

按文献传播范围划分，地方文献可划分为以下三种。

（一）公开发行。指通过中介机构向不特定的社会公众发行的文献。公开发行有三种方式：机构发行、自办发行和两者兼有。公开发行也可以看做是正式出版物。

（二）内部发行。指仅发放给特定对象的文献。内部发行一般为非正式出版物。

（三）保密文献等。指具有绝密、机密、秘密等保密级别的文献。保密文献一般为内部出版物。

八、按文献文种划分

按文献文种划分，地方文献可划分为以下三种。

（一）汉文。指内容以汉语为主反映的文献。

（二）少数民族语文。指内容以少数民族语为主反映的文献。如藏语、维尔语等。

（三）外文。指内容以外国语为主反映的文献。如英文、法语、德语等。

九、按文献内容划分

按文献内容划分，地方文献可划分为政治、军事、经济、文化、教育、文学、历史、地理和工业、农业、科技等地方文献。

十、按文献等级划分

按文献等级划分，地方文献可划分为以下四种。

（一）零次文献。指记录在非正规物理载体上的未经任何加工处理的源文献。如：书信、论文手稿、笔记、实验记录、会议记录等，具有原始性、新颖性、分散性和非检索性等特征。

（二）一次文献。指人们直接以自己的生产、科研、社会活动等实践经验为依据生产出来的文献，也称为原始文献。如：专著、研究报告、专利说明书、会议论文、学位论文、技术标准等。一次文献具有内容独创、叙述具体、详尽等特点。

（三）二次文献。指对一次文献进行加工整理后产生的文献。如：书目、题录、简介、文摘等检索工具。二次文献是积累、报道和检索文献资料的有效手段。二次文献具有浓缩性、汇集性、系统性等特点。

（四）三次文献。指在一次、二次文献的基础上，经过综合分析而编写出来的文献。如：综述、专题述评、学科年度总结、进展报告、数据手册、进展性出版物以及文献指南等。三次文献具有浓缩性、指引性、针对性、参考性等特点。

第三节　地方文献特征

地方文献记载一个地区经济、政治、文化、社会、生态等各方面情况，凡是内容上与本地区有关的一切文献资料，都属于地方文献。地方文献具有载体形式多样、文献内容丰富、出版方式复杂等特征，但它的根本特征是区域性、资料性。这是地方文献区别于其他文献的本质特征。

一、区域性

区域是一个地理空间概念，是指土地的界划。《现代经济词典》对区域的定义为：区域是根据一定的目的和原则划分的地球表面一定的空间范围。它是因自然、经济和社会等方面的内聚力形成，并由历史奠定具有相对完整的结构，能够独立发挥功能的整体。在自然方面，区域指自然区，可分为综合自然地理区以及按气候、地貌、地质、水文、土壤、植物、动物等某一自然要素分区。在经济方面，区域指综合经济区与部门经济区。不同范畴的区域，性质和范围也不同。区域的内聚力、结构、功能、规模和边界是其构成的五个基本要素。其中内聚力是区域形成和演变的基础，决定了区域内部的结构和功能，进而决定了区域的规模和边界。根据内聚力的不同，可把区域划分为不同的类型。

区域具有客观性和动态性两个最根本的特征。一方面，区域是一种客观存在的现实现象，由此可以根据一定的目的加以描述，进而划区，并揭示其一般规律性；另一方面，区域又处于不断演进变化之中，随着社会经济的发展，区域的内聚力将不断发生变化，继而导致区域特别是经济区域的结构、功能、规模和边界也随之发生变化。但是，在某一特定时期，区域一般具有一定的规模和比较明确的边界。

区域性属于“区域地理学”范畴，它包括人文地理与自然地理，从内容学科分类体系架构看，人文地理包括人生地理、行为地理、军事地理、文化地理、聚落地理（村落、家落、乡村地理）、历史地理（地理沿革、地区演变、地望、历史地理、政区沿革）等。自然地理包括地貌、地图、地文、水文景观、土壤、化学地理、数理地理等。

地方文献记载一个区域自然和经济等各方面的情况，一个地区在历史上所经历的自然灾害、气候水文等变化；人口迁移与增减；各个时期的政治、经济、文化、宗教，甚至动乱、战争等情况都在地方文献中予以记述、反映，从而形成本地区的经济特征、生活习惯和文化传统。反映、体现区域性各方面的特性，是地方文献最根本的特征。

二、资料性

资料是指与人事物等相关多类信息、情报，从词面上解释是一种可作依据的材料。地方文献是反映特定区域内一切自然现象和社会现象以及群体活动方式的记录。资料性是地方文献另一个基本特征。图 1–6 是资料性人物专题的地方文献。

图 1–6　资料性人物专题地方文献

地方文献的资料可分为以下四方面。

（一）自然地理资料。区域自然地理资料包括地形、水文，自然资源、灾害等各方面的资料。

（二）生产与经济资料。区域生产与经济资料包括农作物、林业、畜牧业、渔业、手工业等。

（三）历史与政治资料。区域历史与政治资料包括历史沿革、人口变迁、地方行政、阶级斗争、历史人物等。

（四）文化艺术资料。区域文化艺术资料包括风俗、方言、宗教、名胜古迹、文物、科举、诗文等。

第四节　地方文献的作用

地方文献反映一个地区各方面情况，地域性、资料性是地方文献区别于其他文献的本质特征。内容广泛，记录详实的地方文献，具有以下五方面的作用。

一、为地方史研究提供原始资料

地方史研究的信息来源主要有三方面内容：基于文献的历史记录、考古出土文物、传说记录等。地方史研究的首要工作是收集和整理相关的地方文献，这既是前提，也是最原始、最重要的环节。地方文献对区域地理沿革、风土人情、人物事迹、历史掌故都有详细记载，为研究当地经济史、政治史、军事史、地方典章制度、地方风俗史、宗教史提供了许多细致宝贵的材料。大量的原始数据和图片等珍贵文献资料，能够帮助地方史研究者解决研究中所遇到的各类难题，促进地方史志的研究。

二、为文化旅游资源开发提供史料依据

旅游资源大致可分为三种类型：①以山水风貌为主体的自然资源，②以历史遗迹和人文景观为主的人文资源，③包含民俗风情、民间曲艺在内的非物质文化资源。无论是人文资源还是文化资源，都需要充分的考证、挖掘，从地方文献中寻找历史依据，从中寻找可供开发或可供修复的历史文物遗迹、风景名胜等。风景名胜是自然资源，只有注入特定的文化内涵后，才能显示出其与众

不同的魅力。这些挖掘的过程离不开大量文献资料的指导和支持，尤其是地方文献，内容上具有鲜明的地域特征，涵盖了一个地区的方方面面，并经过了长期的历史积淀，因而具有更强的针对性，有着无可替代的作用。只有充分利用地方文献资源中的历史线索，才有可能深层次挖掘当地旅游景点的人文典故，才有可能做出本地的旅游业的规模和特色，并持久良性发展，从而拉动地方经济发展。

三、为决策提供史料和依据

地方文献系统记载一个地区政治、经济、文化、艺术、山川、河流、人物、习俗、气候、物产、资源等各方面情况，具有参考价值、信息价值、研究价值，具有明显的资政作用，可以为各级政府机构制定本地区文化发展规划和有关方针政策、城市建设方案提供第一手史料。如区域经济发展离不开地理环境及政治、经济、文化等因素，地方文献中有矿藏、物产、畜牧业、农业、冶金工业、气候、水利、人口等与经济发展相关的记载，这些资料可以为区域经济发展提供信息，并从中梳理出符合本地区经济发展的因素，为本地区的经济建设服务。古人云："治天下者以史为鉴，治郡国者以志为鉴。"从现实层面讲，这说的就是地方文献的"资政"功能。

四、有助于特色文化的传承与弘扬

任何一个族群、一个地区，在长期的历史过程中，都会发展出具有本地特色的文艺、技术、语言、饮食、宗教仪式等。具有地方特色的地方故事、地方谚语、掌故、神话传说、歌谣等民风民俗文化，是当地数代人辛勤劳动的结晶、区域文化的积累。

我国是一个多民族的国家，在文化上也显示出多样化的特点。每一个民族的文化，都是这个民族智慧的结晶，也是构成中华民族多彩文化的重要组成部分，如：各类物质性文化遗产、非物质文化遗产等，这些都是中华民族十分宝贵的文化财富。

地方文献中记载了本地区的山川胜迹、灿烂文化，既有名人志士的传记和著述，又有具有地方特色的民间艺术、风俗习惯，这些内容通过整理、开发，可以为发展和弘扬地方优秀文化，进行乡土教育、革命传统教育、爱国主义教育提供丰富的素材，进而有助于特色文化的传承与弘扬。

五、有助于丰富爱国主义教育的内容

杜定友先生曾经倡议“研究乡邦文化，发扬民族精神”。然而，地方文献所记载的爱国英烈和革命传统、山川胜迹和灿烂文化，以及传统文化精华等内容，是实施爱国主义教育极为生动的乡土教材。地方文献中记载的革命先烈纪念馆及其革命先烈事迹，具有较大的地域性特点，将它作为革命传统教育素材更具感染力，能够激发人们的爱国精神；所记载的名人故居、名人轶事，因其亲切、鲜活，将它作为革命传统素材更具说服力，可以激励人们积极进取、奋勇拼搏；所记载的山川胜迹和灿烂文化，是区域内的物质财富和精神财富，以此作为热爱乡土教育的素材，能够激发人们的民族自豪感。

第二讲

图书馆地方文献资源建设

区域性、资料性是地方文献区别于其他文献的根本特征。我国首部《公共图书馆法》第三章第二十四条规定：公共图书馆应当根据办馆宗旨和服务对象的需求，广泛收集文献信息；政府设立的公共图书馆还应当系统收集地方文献信息，保存和传承地方文化。

公共图书馆是向社会公众免费开放，收集、整理、保存文献信息并提供查询、借阅及相关服务，开展社会教育的公共文化设施。公共图书馆的主要职能是收集、整理、保存、开发、应用文献信息资源。馆藏文献资源是公共图书馆的基础。但由于受经费、馆舍场地等条件的限制，各公共图书馆无法收集到所有的文献资料，特别是省级以下的公共图书馆，更是如此。因此，公共图书馆馆藏资源建设必须也只有走特色之路。公共图书馆的特色馆藏资源建设是公共图书馆资源建设的发展方向，也是一条发展的必由之路。

公共图书馆加强馆藏资源的特色建设，关键是要做好地方文献工作。地方文献工作是公共图书馆资源建设的重中之重。地方文献工作具有对象专一、投资少、易建设等特点。各公共图书馆要根据自身的实际，集中人力、物力，做好地方文献的采集、资源体系建设。

第一节　地方文献采访

一、地方文献采访的意义

地方文献反映一个地区政治、经济、社会、文化、历史、地理等各方面情况，记载的内容丰富多样，是一个地区各方面情况的缩影。地方文献可以为地方史研究提供原始资料、帮助地方史研究者解决研究中所遇到的各类难题；为文化旅游资源开发提供史料依据，实现旅游业的持久良性发展；为各级政府机构制定本地区文化发展规划和有关方针政策、城市建设提供第一手史料，发挥资政作用；有助于特色文化的传承与弘扬，发展地方优秀文化；有助于丰富爱国主义教育的内容，激发人们的民族自豪感。

“采访”一词的含义为“采集”与“访问”。图书馆地方文献的采访与图书馆其他文献的采访概念并没有本质的区别，但有其特殊性，其特殊性在于部分地方文献发行方式不公开，部分为非公开出版物，文献载体多样等因素所决定的。图书馆地方文献的采访，“采”主要是指公开出版物等文献信息的采集，“访”则主要是是对指非公开信息的访求。

地方文献采访工作是公共图书馆地方文献工作最重要的一个环节，如果采访工作渠道不通畅，工作做得不好，那公共图书馆地方文献的作用就成为无源之水，任何利用、研究、开发地方文献等工作，都无从谈起。采访工作是公共图书馆地方文献工作的基础，是地方文献工作赖以开展和取得效益的前提，是发挥公共图书馆地方文献作用的关键。

二、地方文献采访的原则

公共图书馆地方文献采访工作，包括征集、接收、采购、复制、下载、析出等手段和方式。公共图书馆地方文献采访工作应把握以下三个原则。

（一）“有重点有放弃”原则

地方文献是公共图书馆特色资源建设的重点。体现特色，确立优势，建立起独有独强的难以替代的地方文献资源体系，是各个公共图书馆所追求的共同目标。

但因人力、经费、馆舍场地等条件的限制，无论是那一个公共图书馆都不可能采集到当地所有的地方文献，为此，各个公共图书馆要根据自身的定位、职责、任务，制订地方文献资源建设的目标，根据自身的优势与特色、当地政府工作的目标与需求等情况，确定地方文献采访重点与范围，做到有所为有所不为，有重点也有放弃。

（二）"需要什么收什么"原则

目前，大部分公共图书馆的地方文献采访工作，多数的做法是见到什么就收什么，能收什么就收什么。地方文献工作的目标与考核、业绩评价也是以新增地方文献的数量为依据。这一做法，是数量型的发展观在起作用，无助于图书馆特色资源建设体系的建立。

公共图书馆要形成自身独有的地方文献特色资源，必须要改变见到什么就收什么，能收什么就收什么的被动做法，要根据自身的定位、职责、任务、优势所确定的地方文献资源建设目标，实行"需要什么收什么"，实现地方文献采访工作从数量型、被动型，向质量型、整体效益型转变，做到目标明确、主动采访，提升地方文献采访工作的针对性，提高地方文献采访工作效益[①]。

公共图书馆地方文献采访工作把握"需要什么收什么"原则，要注重以下两点。

一是注重馆藏地方文献体系完整性、系统性、独特性建设的需要，特别是要注重从本馆职责要求和所存在的短缺，做到有意识的加强与弥补。

二是注重读者的需要、社会的需要。要从读者、社会的需求角度去考虑，对需求旺盛、利用率高特别是拒借率高的文献有必要加强投入，作出相应的政策性经费倾斜。

（三）"有收无类，多多益善"原则

地方文献采访工作在坚持"有重点有放弃""需要什么收什么"原则的前提下，在条件许可的情况下，做到兼收并蓄，尽可能多多收集各类地方文献，实现留存历史。

---

① 袁逸．关于地方文献的采集［J］．福建论坛·人文社会科学版，2015（9）：64.

三、地方文献的采访渠道

采访工作是公共图书馆地方文献工作赖以开展和取得效益的前提，是公共图书馆地方文献的基础。公共图书馆地方文献的采访渠道有以下六种。

（一）呈缴

根据《出版管理条例》及当地政府所发的文件，将当地图书馆确定为当地收集、保存、提供利用地方文献资料的工作机构，要求各机关、企事业单位及其他组织，凡编辑出版的各类文献资料，如图书、刊物、报纸、音像制品（CD、VCD、DVD）、画册等，均须呈缴给当地图书馆。图 2–1 是新书展示区，包含各处呈缴的图书。呈缴是比较可行的地方文献采访征集的主要方式。但实行呈缴，往往持续性不强，实际效果也不理想，需要地方文献工作者发挥主观能动性，充分利用政策，做好地方文献的征集工作。

图 2–1　湖南图书馆地方文献新书展示区

（二）征集

公共图书馆地方文献工作人员通过外出走访、打电话或发联系函（邮件）等途径，向所在区域相关单位、人员征集地方文献（如图 2–2）。

图 2–2　地方文献工作人员在采访

（三）购买

地方文献购买可通过订购与现采的方式来完成，图 2–3 是工作人员在地方文献采集现场。

图 2–3　工作人员在采集地方文献

（四）赠送

由作者、收藏者自愿把相关文献赠送给图书馆。

（五）交换

图书馆之间、图书馆与个人之间开展文献交换。《中华人民共和国公共图书馆法》第三章第三十条规定：公共图书馆应当加强馆际交流与合作。国家支持公共图书馆开展联合采购、联合编目、联合服务，实现文献信息的共建共享，促进文献信息的有效利用。

（六）复制

由于种种原因，某些文献特别是一些专题文献和古籍文献，现已很难收集到，可以通过复印、数字化等途径解决。

四、地方文献采访的方法

地方文献采访工作是公共图书馆地方文献工作最重要的一个环节，公共图书馆要做好以下四方面的工作。

（一）建立地方文献征集工作机构

有条件的公共图书馆应成立地方文献办公室，配备事业心强、素质好、业务精、责任心强的同志负责地方文献的征集工作，并在经费上予以保证。

（二）明确地方文献采访的重点

地方文献是具有参考价值、信息价值、研究性质的知识载体。对地方文献内容不同的理解，会直接影响地方文献的征集工作。根据自身的特色及优势确定地方文献采访的重点，做到“有重点有放弃”“需要什么收什么”，避免面面俱到。

（三）建立地方文献联络员队伍

建立一支涵盖面广、责任心强的地方文献联络员队伍，定期召开地方文献联络员会议，构建地方文献信息员网络体系。

（四）完善工作机制

想方设法争取政府部门、社会团体的支持，动员社会力量参与地方文献的征集工作；建立地方文献征集工作机制，定期地向社会各界寄发征集地方文献的联系函，使地方文献征集工作经常化、制度化。

第二节　地方文献资源体系建设

一、“体系”一词的含义

“体系”一词，各类词典释义基本相同。

商务印书馆 2017 年版《现代汉语词典》将“体系”一词定义为：若干有关事物或某些意识互相联系而构成的一个整体。上海辞书出版社 2010 年版的《辞海》对“体系”一词的表述基本相同，认为体系是若干有关事物互相联系、互相制约而构成的一个整体。

上海辞书出版社 2014 年版、宋子然主编的《100 年汉语新词新语大辞典 · 上册》对“体系”一词的定义认同上述观点，认为“体系”是若干有关事物或某些意识互相联系而构成的一个整体，并将体系分为大、小体系，认为大体系里含有无穷无尽的小体系，小体系里含有无穷尽的更小的体系。

北京科学技术出版社 2002 年版、沈鑫甫等编著的《中学教师实用化学辞典》则将“体系”一词定义为作为研究对象的一定物质或空间所组成的整体，也称系统。体系以外的其他物质或空间则称作环境。如热力学体系可分三种：孤立体系、封闭体系、敞开体系。

综上所述，“体系”是一个整体，是相关事物、有关事物或某些意识，因为其内部联系、相互关联的原因，而构成的一个有系统的整体。

二、地方文献资源体系

根据相关词典对“地方”“文献”“地方文献”“体系”等词语的定义，地方文献体系是“文献的体系”，是当前及历史上行政区域所界定的地方的文献体系，是内容反映、记载一个地区政治、经济、文化、艺术、山川、河流、人物、习俗、气候、物产、资源等各方面事物情况，是地方文献相关事物所构成的，具有相互关联的各类载体文献的体系。

三、地方文献资源体系形式

地方文献体系围绕“地方”这一中心点，构成一个相互联系的整体。这一整体，因为内容相互关联、相互联系，甚至你中有我、我中有你，而形成系统。地方文献体系根据文献内容类别，可以分为不同类别的体系。如地方文献政治体系、经济体系、文化体系、艺术体系、山川体系、河流体系、人物体系等。每一类别的体系又可以细分为其他体系，如地方文献政治体系，就可分为行政机构设置体系、政治人物体系等。

图书馆地方文献体系根据所藏机构、地域，分为馆藏地方文献体系、区域地方文献体系两种形式。

（一）馆藏地方文献资源体系

馆藏地方文献资源体系，从字面上来理解，就是某一图书馆的地方文献资源的总聚合，是一个图书馆所收藏的反映本地区政治、经济、文化、艺术、山川、河流、人物、习俗、气候、物产、资源等各方面事物的各类载体文献的总聚合。

馆藏地方文献资源体系建设要根据本馆级别、地位与任务，本馆目前已有条件及发展目标，科学制定体系的原则、重点。馆藏地方文献资源体系建设的总体原则与要求是系列齐全，品种丰满；规模可观，有效覆盖；结构合理，载体多样；特色显著，形成优势；有效整合，合理布局。馆藏地方文献体系建设的重点是特色文献资源的建设。

（二）区域地方文献资源体系

因行政区域内有多家图书馆及其他单位都在收集、保存相应内容的地方文献，区域性的地方文献资源体系建设原则与要求，是各家图书馆及相关单位要做到层级分明、各有重点、优势互补、适度重合，并在实际工作中做到各负其责、胜任职守。

四、地方文献资源体系建设原则

不管是馆藏地方文献资源体系，还是区域地方文献资源体系建设，地方文献资源体系建设均需遵循以下六项原则。

（一）系列齐全原则

凡是内容与本地有关，并以各种形式记载、表现的一切资料，均属地方文献的内容范围。因此，地方文献的资源体系建设要做到系列齐全，做到图书类文献、报刊类文献、数字类文献等系列文献门类完整，形成本地区功能完备的文献储备体系。

每一类文献做到自成系列。如图书类文献，在建立实施地方文献资源体系时，图书馆应做到凡是内容与本地有关的所有图书，都要纳入地方文献资源体系建设范围，将不同年代出版、不同载体形式反映本地内容的地方年鉴、地方志、地方史、地方概览、专题资料汇编、地方丛书、文献汇编等正式出版和非正式出版的图书资料都列入地方文献。

每一个系列做到相对完整。如年鉴类地方文献，就有统计年鉴等综合类年鉴，也有文化类、体育类等行业类年鉴；按载体形式分，有图书类的年鉴，也有以数字光盘类的年鉴；按出版年代分，有古代时期年鉴、民国时期年鉴、现代与当代出版的年鉴。凡是涉及年鉴类地方文献的，要想方设法做到不同类别、不同载体、不同时期年鉴完整齐全，形成完整的年鉴体系。

主要品种做到无缺漏。如采集地方年鉴类地方文献，就要保证反映本地区各方面情况的主要年鉴完整齐全，特别是要实现在时间上的完整性、延续性，做到无缺漏。如对统计年鉴，同样要收集完整不同年代出版的统计年鉴，做到凡是出版的资料，都要收集和纳入，形成在时间上无缺漏的统计年鉴体系。

（二）功能互补原则

地方文献的内容丰富，载体形式多样。在建设实施地方文献资源体系时，要做到不同类型文献在功能与价值内容上的互补。

地方文献资源体系建设功能互补原则，主要在以下四方面做到互补。

一是在内容上做到互补，做到综合类、行业类地方文献实现互补。

二是在学科上做到互补，做到不同门类、学科的地方文献实现互补。

三是在时间上做到互补，做到同一类别的地方文献在时间上保持延续性，实现互补。

四是在表现形式上做到互补，做到同一地方文献在点与面、点与线、文与图等表述方面，实现互补。

（三）有效覆盖原则

无论是馆藏地方文献资源体系，还是区域地方文献资源体系，要形成体系，数量是基础，只有形成一定的数量规模，才能实现地方文献的有效覆盖。

“有效覆盖”主要指文献在时空上涵盖度的有效性，以及层次上的丰富性。它包含两层意思。

一是文献反映内容对本区域的有效覆盖，即某一特定图书馆必须收有与本区域有关的文献，并作适度延伸。如市级图书馆，除收藏有市级文献外，还需量力实现向上、向下延伸，适度收藏一些省级和所辖各县区的重要文献。

二是时间上涵盖，不同年代产出的文献与反映不同年代的文献，力求广泛网罗。

（四）载体多样原则

地方文献按载体划分，可分为甲骨文、竹简、木简等原始材料型文献；传统的线装古籍、平装书、手稿、信札等纸质型文献；照片、缩微胶卷、电影拷贝等感光材料型文献；录音带、录像带和计算机用的磁盘和光盘等存储介质型文献；固态电子存储芯片、网络服务器、云服务空间等硬盘存储型文献五种类型。图书馆通过采购、征集、复制、下载、析出等途径，应尽可能收集不同载体的地方文献，构建立体多维的地方文献体系。

（五）特色显著原则

核心文献是地方文献建设重点。从理论上而言，凡是内容与本地有关，并以各种形式记载、表现的一切资料，本着“多多益善”的原则，所有内容、所有资料都应列入地方文献资源体系建设的范畴，但因馆藏条件、人力、经费等限制，一个图书馆不可能收集与本地相关社会科学、自然科学各门类的全部资料。因此，在筹划建设地方文献资料体系时，一定要有所侧重，确定地方文献体系建设的重点，形成核心文献。核心文献是地方文献资源体系的骨骼、架构，而普通文献、相关文献是地方文献资源体系的皮肉。总之，地方文献资源体系建设的关键是要围绕重点，建设重点，实现人有我全，人全我强，人强我优，从而形成地方文献的特色文献，强势文献，打造优势文献资源品牌。

（六）合理布局原则

地方文献在内容与载体上的多样性，要求地方文献资源体系的建立与完善，要做到两个合理布局。

一是馆藏地点的合理布局。

地方文献按出版物的类别分为地方年鉴、地方志、地方史等图书类文献、机关报、专业报、期刊等报刊类文献、数字文献及其他多媒体文献、舆图、图片、票据、证券、文告、传单、商标等散页类其他文献。这些文献的保存与利用，有的实行各职能部门分散管理与服务的办法。如新中国成立后的地方文献存放在专题文献部或地方文献部，新中国成立前的地方文献存放古籍部，机关报、专业报、期刊等报刊类文献存放在报刊部，地方年鉴、地方志、地方史等图书类文献存放在借阅部，电子类地方文献存放在数字资源部或电子文献部等。有的则实行集中管理的办法，将涉及地方文献的所有文献由统一的部门进行管理并为读者提供服务。地方文献资源的分散保存、管理，会减弱地方文献资源体系的凝聚力、服务能力与效率。为有效发挥地方文献的作用，建议各类地方文献实施集中收藏、集中提供的办法，馆藏地方文献实行统一保存、统一管理、统一提供服务。

二是内容征集保存的合理布局。

我国公共图书馆实行的是层级服务体制，省级馆、地市级馆不可能将省级区域、地市级区域的地方文献内容全部收录，并纳入所建立的地方文献资源体系。这一做法，不但不可能，而且也没有必要。区域性的地方文献资源体系应该本着合理分工负责的原则，按行政区域在内容征集、保存、服务等三方面确定重点、做到合理分工、合理布局、形成互补。图 2–4 和 2–5 是藏阅一体的地方文献阅览室。

图 2–4　藏阅一体的地方文献阅览室（1）

图 2–5　藏阅一体的地方文献阅览室（2）

第三节　图书馆如何做好地方文献工作

一、地方文献应成为公共图书馆资源建设的重中之重

公共图书馆的主要职能是收集、整理、保存、开发、应用文献信息资源。馆藏文献资源是公共图书馆的基础。但由于受经费、馆舍场地等条件的限制，各公共图书馆不可能也无法收集到所有的文献资料，特别是省级以下的公共图书馆更是如此，而地方文献被称为“原汁原味”的“一地之百科”，区域性是地方文献最基本的特征。一个图书馆有没有特色，很大程度取决于它有没有特色馆藏，而最容易形成馆藏特色的就是地方文献。公共图书馆要加强馆藏资源的特色建设，关键是要做好地方文献工作。为此，公共图书馆应把地方文献工作当作资源建设的重中之重，在人力、物力、经费、政策等各方面向地方文献重点倾斜。

二、地方文献建设要走自己的特色之路

地方文献工作是公共图书馆资源建设的重中之重，地方文献可做的工作很多，但由于地方文献工作的内容范围十分广泛，因受人员、经费、精力等限制，各个图书馆都不可能将本区域内的所有地方文献尽收囊中，一网打尽，应做到有所侧重，切忌面面俱到，重点是根据自身实际、确定建设的重点，在某几个专题文献上下功夫，并想方设法确保这几个专题文献的完整性、系统性；在征集地方文献时，虽然要提倡“博爱精神”，但还是要坚持适当的专一，做到有所“偏爱”，走自己的特色之路。地方文献的工作重点是要建立符合自身实际、独特的地方文献体系①。

三、地方文献建设要走合作之路

合作才能发展，合作才能共赢，合作才能提高。合作与共赢，是现代社会所倡导、弘扬、遵循的主旋律。公共图书馆地方文献建设也同样如此。地方文献工作一定要走合作之路。公共图书馆地方文献工作要加强以下三方面的合作。

① 王以俭．做好地方文献工作的体会与思考［J］．图书馆研究与工作，2012（2）：61.

（一）加强与区域内其他公共图书馆、高校图书馆、档案馆、博物馆、相关名人史料陈列室、名人故居、名人纪念馆、节会办、方志办等部门、单位的合作，形成自己特色明显的收藏体系。如有可能，建立区域性地方文献协作机制，做到各馆有不同的重点，形成各有侧重、相互支持、共建共享的良好机制。同时，创造条件，让一些研究机构、部门单位将资料室建在图书馆，共建专题文献。

（二）专题文献建设与相关学会、协会等机构的合作。专题文献的服务对象是特定的群体，而这部分群体往往又是各类协会、学会的会员，加强与相关学会、协会等机构的合作，既能增强专题文献的针对性，又能提高利用率。

（三）馆内各部门的协调合作。公共图书馆内要形成全馆一盘棋的思想，形成全馆人员共建地方文献的良好局面，做到开办分馆、举办讲座、开展活动等都能与地方文献工作结合起来。鼓励全馆职工利用个人的各类人脉关系，征集地方文献，引导每一个图书馆馆员围绕地方文献某一个重点进行研究。

四、想法设法做好地方文献征集工作

地方文献的内容范围十分广泛，它分散于机关、企事业单位及群众性团体组织。要加强地方文献馆藏资源建设，关键是要做好地方文献征集工作。地方文献征集工作是地方文献资源建设的基础。这方面，要重点做好以下四方面工作。

（一）确保有专职人员专门负责地方文献征集工作。

（二）明确地方文献的内容。地方文献的重点内容可分为以下四类：一是本地地方史料，二是本地人或外地人撰写的反映本地内容的著述，三是内容具有本地地方性的地方出版物，四是本地名人的传记和研究资料。

（三）制定地方文献收集、整理、典藏近期和远期规划及具体目标。制订馆藏及区域地方文献资源体系建设方案。

（四）动员全社会力量参与地方文献的征集工作，切实发挥地方文献联络员队伍的作用，使之成为地方文献征集的主力军。

五、整理、开发、利用是地方文献工作的根本目的

征集、收藏地方文献的根本目的，在于通过地方文献的整理、开发，为当地

政府部门服务，为经济、社会、文化发展及社会大众服务。在这方面，应做好以下五方面的工作。

（一）根据统一标准，集中精力、人力对馆藏地方文献进行整理，建立区域性地方文献联合目录。有条件的公共图书馆，可编辑出版相关地方文献书目提要。如湖南图书馆根据馆藏整理出版《湖南图书馆馆藏现代名人手札》（如图 2–6）。

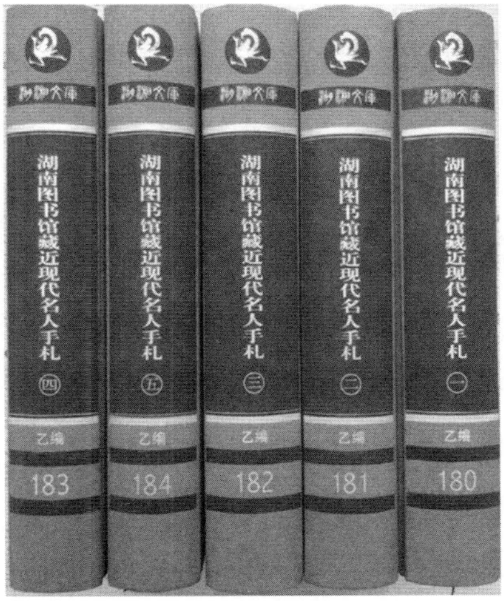

图 2–6　湖南图书馆出版的地方文献

（二）根据各公共图书馆自身实际情况，建立地方文献特色专题库。

（三）加强相关地方文献的研究、开发、利用，积极配合当地政府的重大节会活动及中心工作，编辑出版相关专题性资料，为当地各级领导决策、节会活动提供文献情报、资料服务。

（四）举办地方文献成果展览等活动，通过活动宣传地方文献的意义，提高全社会对地方文献的认识。

（五）加强地方文献的数字化，建立地方文献特色数据库。

第三讲 地方文献藏阅空间设计与专题馆建设

“藏”和“阅”是公共图书馆非常重要的两大功能，公共图书馆藏阅空间设计对于提升其服务功能至关重要。做好地方文献工作，也应考虑怎样更好地设计地方文献的藏阅空间，在环境布置上应注重地方文化元素的融入，在分类排架上要区分文献本身的专题性和不同载体文献资源的区分，充分认识设置不同类型的专题阅览室、专题馆对地方文献藏阅及阅读推广工作带来的影响和作用。

第一节　地方文献藏阅空间设计

近年来，随着信息技术与网络技术的迅猛发展，以及自 2006 年始我国倡导的全民阅读理念，使社会大众对公共图书馆有了新的要求。公共图书馆的使命已从传统的服务向融资源保存、文化传播、互动交流、知识分享、传习展示等多元化方向发展，图书馆已经从馆藏资源为中心向以读者为中心转变①。由此带来公共图书馆的空间布局和设计也发生很大变化，各式各样的交流互动区、亲子活动室、沙龙分享室、音视赏析区等空间已成为公共图书馆布局设计中举足轻重、不可缺少的区域。

地方文献作为公共图书馆拥有的一种最具特色的文献资源，其藏阅空间的设计在遵循图书馆传统布局的基础上，也应与时俱进，朝多元化方向发展。图书馆在空间设计上需从馆藏资源、读者需求、服务职能、地域特色、专题特色等五个

① 宋晓丹，朱孔园，李雪垠，等．现代图书馆阅览空间的功能需求及空间设计研究［J］．图书馆杂志，2017（2）：70–73.

层面加以统筹考量。

一、馆藏资源

馆藏资源的合理布局，主要是为了能达到三方面的要求，一是能让读者更便捷、更清楚地获取资源；二是让图书馆员能更高效、更有序地管理资源；三是能让馆藏资源有一个更安全、更适宜的安身之地。一般情况下，公共图书馆都会设立地方文献查阅室，方便读者查阅。图书馆应从资源的珍稀程度、保存年代方面考虑地方文献采取何种保存方式。图书馆的馆藏资源一般分成两大类：纸质文献和数字资源，地方文献亦如此。但从资源的载体来看，地方文献比一般的馆藏文献更多样化。

（一）文献书籍资料

图书馆对不同类别的书籍资料的保存方式有所不同，应根据现有条件，分类、分区管理。古籍地方文献、民国时期地方文献，因年代久远，对保存条件要求较高，一般实施闭架保存，可放入古籍书库或民国时期文献书库，给以必要的恒湿恒温等保护措施，最好在库内划一块专门的地方文献保存区，将地方文献与普通的古籍和民国文献区分开。有条件的图书馆也可对现当代地方文献实行闭架和开架相结合的方式保存：读者利用率高的文献应以开架为主，而对于那些史料价值高，且无复本，又很难采集到的文献，则应实施闭架保存。

开架保存和闭架保存各有利弊。开架的书籍便于读者取阅，也有利于图书馆获取地方文献征集信息，譬如某位读者来查阅某方面地方文献，在开架状态下，他会反馈这方面文献的出版信息，从而起到查漏补缺的作用；而开架保存的“弊”是不利于地方文献妥善保存。闭架保存会降低地方文献的利用率，但有利于其保存的完整性，避免出现因开架带来的缺负损坏的现象。

（二）报刊资料

地方报刊的收藏布局也应开、闭架相结合。新近采集到的单份报刊可以开架方式加以陈列，可以让不同区域、不同县域的报刊分别陈列。按年或按季度、按月对每份报纸或期刊加以装订，合订本再挪至闭架的专门书库加以保存。这样做的目的，是为了展示本地区报刊印制出版的情况，从而得到更多地反馈信息。在一些图书馆的地方文献室，专门设有地方报刊查阅区，新近征集到的地方报刊按所辖地区，分区排架。这样布局既方便读者取阅，也便于工作人员了解某一地区的报刊发行和征集情况，在开架的状态下，每天工作人员都可查看报刊期数是否完整，从而及时查漏补缺。

（三）音、视频资料

光盘、磁带、唱片、照片等载体的地方音视频，因其材质的特殊性，必须使用专门的收纳柜加以闭架专室保存。在保存时，应注意控制好库房的温湿度，录音带、录像带、光盘等磁性材料最好温度控制在 15 摄氏度到 25 摄氏度；除了必要的防尘防污、防火防光，还需要防磁防震，以尽可能避免外界的影响；为方便读者查阅，公共图书馆可对这些音视频资源进行数字化加工，通过相应的数据库平台供读者阅览。

（四）地方散页

地方散页包括契约、文书、舆图、手稿、传单等，这些资料宜闭架专柜保存，最好给予防火、防水、防虫、防尘等一些原生性的保护措施。

二、读者需求

在地方文献阅览室的设计和布局上，图书馆应以读者的阅读需求和身心适宜为根本出发点，在达到一般阅览室所要求的采光、家具舒适度等标准外，还应考虑三点：一是单人能用的阅览桌面积比普通阅览桌的面积要适当扩大一些，这是因为查阅地方文献的读者一般以研究为主，查阅的文献量会比较多，而且读者查阅时会作相应的比较研究并摘录笔记；二是阅览区要具备相对私密性，最好设立半开放式专家包厢，不同的读者在查阅文献过程中不至于相互影响；三是在查阅室内配备影印设备，地方文献一般不外借，读者对复印、扫描的需求较多。

三、服务职能

地方文献工作除了“藏”“阅”两大服务职能外，也可以拓展一些比较“活”的服务职能。如在地方文献室设立新征集地方文献展示架、珍贵地方文献展示柜，开展各种各样的“展示”活动；可开辟新书首发、新书捐赠活动区，经常邀请本地的一些作家举办新书首发活动、捐赠活动，对于集聚本地著述人士、提升地方文献征集力度都有益处；也可设立读者沙龙交流区，设置 20~40 人的席位，组织地方文化方面的主题沙龙，如图 3–1。

图 3–1　绍兴图书馆举办的地方名人主题沙龙活动

四、地域特色

在地方文献藏阅空间设计上应注重融入地域文化特色和当地历史渊源。譬如可选用反映地方特色的照片或书画作品、当地独具特色的工艺品作为装饰品。绍兴图书馆的历史文献馆设立六个专家包厢，专家包厢的门额题字分别用明清以来绍兴历史上较为知名的六家藏书楼来命名，分别是“世学楼”“澹生堂”“越缦堂”“书钞阁”“铸学斋”“粹芬阁”。这一命名方式既符合读者爱书、品书的氛围和图书馆藏书的氛围，也彰显了绍兴自古以来的读书藏书文化传统。

此外，地方文献藏阅空间设计上也可以从当地的特色典籍的一些元素中进行挖掘，如选取当地有特色、有代表性的古籍地方文献作品内容进行影印，做成装饰画或墙体小品，如用当地知名画家的书画作品作为模板设计做成的屏风（如图 3–2）用地方古籍线装书页内容做成雕刻版画，用地方碑文拓片复制成的装饰镜框画等。

图 3–2　绍兴图书馆地方文献室

五、专题特色

大多数图书馆在建设地方文献资源过程中，会根据自身的文献特色类分一些文献专题，并设置不同的专题文献区，那么这些专题文献区在其空间布局和设计上应有其专题特色，营造专业阅读氛围，从而吸引更多的专业人士来专题文献区阅览或交流。首先可以用软隔断如屏风、博古架、木质书架等，置于各专题区之间，使各专题文献区有明显的区分和标识；其次各专题文献区布置时，可注重相应的专题设计元素，如富有专题特色的阅览座席、书架、家具以及墙面小品、饰品。如家谱专题文献区，可在墙面装饰名人家规家训的版画；在名人专题文献区，可放置名人的雕像、照片、画作；在布置地方特色产业专题文献区时，可考虑放置与该特色产业相关的产品加以实物展示。

第二节　地方文献分类排架方法

图书馆怎样有效地整理馆藏资源，让读者查找馆藏资源更加方便快捷？这就涉及资源的排架方法。目前我国各图书馆通常使用中国图书馆图书分类法（以下简称中图法）的分类标准对文献资源进行分类，按每本书的书次号进行排序陈列，但地方文献的分类排架则不尽相同，图书馆是各有各的标准，各有各的方法[①]。有的图书馆完全按照中图法分类排架,也有的图书馆根据自身的地域特色专门编制自己独特的分类排架方法。

一、地方文献按中图法排架存在的弊端

中图法是我国图书馆界通用的类分图书的分类方法。因为地方文献作为一种特殊的藏书类型，从文献载体、文献内容等方面都比一般的文献更具多元化和独特性，因此如果仅仅按中图法进行排架分类，还是存着很多弊端。譬如地方文献完全按照中图法排架，先按分类号，再根据书次号依次排序，会让一整套丛书，分散在各处。如绍兴图书馆收藏的《浙江文丛》，这是一套丛书，按中图法编目的索书号，丛书中 K 类、I 类、B 类、Z 类都有。还有一个弊端，是有些地方文献所属学科按中图法分类的话模棱两可，可能会出现既可分到 G 类，又可分到 K 类，再加上读者对中图法分类方法比较陌生，对分类号所代表的的意义不明确，导致读者查找文献效率低下。

二、地方文献排架分类通用方式

杜定友先生曾提出“地方文献应有特殊的分类法”。他以《中小型图书馆图书分类表（草案）初稿》(1956 年版）为基础，根据广东省的特点给予灵活变通，编制了《广东地方文献分类表》。全表分为史料、人物、出版物三个部分，然后再以数字冠号加以区分。0 为广东省史料，1~7 为各县市史料，8 为人物，9 为出版物，人物部分还用 A~Z 代表年代，如：1 广州，2 中区，3 东区，4 南区，5 西区，6 东区，区内再以县市分，如：2 中区，21 南海县，22 番禺县，23 顺德县[②]。“冠号”类分地方文献创举，其优点在于既可保证全馆藏书分类体系的一致性，因为去掉

① 宋晓丹，朱孔国，李雪根，等．现代图书馆阅览空间的功能需求及空间设计研究［J］. 图书馆杂志，2017（2）：70–73.

② 韩朴．地方文献分类思想研究［J］. 图书馆学刊，2000（2）：3–7.

冠号，地方文献书刊分类与普通书刊分类无异，同时用不同数字冠号，又彰显文献的地域特色。

目前，全国各级公共图书馆对于地方文献用的比较多的分类方式是专题分类法、地域分类法、中图法三者相结合。

（一）专题分类法

对一类主题的文献进行集中排架，每一主题命名专题名称，如地方年鉴、方志、地方名人，地方风物、家谱等文献专题。

（二）地域分类法

在“专题分类法”基础上，再按所辖不同地区进行文献分类，其优点可以非常清晰地看到某一地区某类专题文献的馆藏情况以及某一地区对某类专题的研究文献情况。

（三）中图法

在以上两种分类法的基础上，文献再按中图法进行排架。当然，有些文献很难列入某个专题，那么也可以直接使用中图法进行排架。

三、图书馆界地方文献分类排架例举

（一）陕西省图书馆地方文献排架方法

陕西地方文献收藏中心主要收藏了1949年以后出版的关于陕西地区的各位文献、陕西地方出版物以及陕西籍人士的著作。载体多样，包括图书、报纸、期刊、缩微胶片、舆图、照片、光盘等。文献收藏分开架和闭架两部分，图书开架区文献分八大部分。

1. 统计年鉴及年鉴类文献在大类的基础上按地区排架。
2. 地方志及黄页类按地区排架。
3. 行业志按分类号排架。
4. 地名志按地区排架。
5. 一般地方文献类图书按分类号排架。
6. 周秦汉唐类文献按分类号排架。

7. 陕西作家著作专架按作家姓氏排架。

8. 陕西知名人士捐赠藏书展区按个人的捐赠图书分区，所属书目不分类排架，一人一区。

图书闭架部分的排架根据不同的文献类型采取不同的排架方法。方志按地区排架，期刊按分类号排架，报纸开架、闭架相同，分地区报、行业报及大学报。地区报先按照地区排序依次为西安地区、咸阳地区、宝鸡地区、渭南地区、铜川地区、延安地区、榆林地区、汉中地区、安康地区、商洛地区；各地区再按报名笔画顺序排序。行业报和大学报均按报名笔画排序。此外，陕西出版物展示室实行预约阅览，按 17 个出版社分区陈列，每个出版社下按大类排架[①]。

（二）绍兴图书馆地方文献排架方法

绍兴图书馆目前拥有现当代地方文献 1 万余种 2 万多册，拥有古代（含民国）地方文献近 1500 种 6000 余册。除了传统的书籍和刊物以外，还包括拓片、音像资料、舆图、照片、书画作品等。古代（含民国）文献专门保存在古籍书库和民国文献书库，闭架管理。现当代地方文献分成开架和闭架两个书库保存，闭架部分为珍稀地方文献或复本地方文献，珍稀地方文献包括书画、照片、散页、唱片、磁带、光盘等；开架部分排架方式融合了专题分类法、地域分类法、中图法，三者之间融会贯通。

根据某一类专题文献的数量和重要性、读者查阅率等要素，目前该馆已建成鲁迅研究著述、书画文献、绍兴名人研究著述、辛亥革命、白马湖作家群、方志年鉴、地方文史资料、越医、绍兴师爷、酒文化、桥文化、兰文化等 40 多个特色文献专题。

其中鲁迅研究著述专题为文献数量最多的一个专题，专门设置了 2 个相对独立的包厢区域，予以放置，其他小专题集中放在开架书库中，一个专题一般占 1 到 3 个 6 层书架，当然小的几个专题占半个 6 层书架，稍大一些的专题如周恩来研究文献占 5 个 6 层书架。这些专题中可明显区分地域的，如方志年鉴文献就按所辖县市区域进行二次划分，再按中图法进行三次划分；有些专题如绍兴名人研究著述则按名人出生年月先后进行二次划分，再按中图法进行三次划分。每一专题的文献放置在一处，并在显眼处标明专题名称。目前，该馆约有 40% 的现当

① 李晓宁．公共图书馆地方文献排架问题刍议——以陕西省图书馆地方文献收藏中心为例［J］．农业图书情报学刊，2013（11）：102–104.

代地方文献已采取“专题”排架法，另有 60% 的地方文献不能列入到某个专题，则采取中图法进行分类排架。

（三）嘉定区图书馆地方人士著述排架方法

地方人士著述是嘉定区图书馆地方文献的特色之一，资源非常丰富，占整个地方文献资源的 85%。早在 1989 年嘉定区图书馆就开始大规模征集本地区地方人士的各类文献包括：有嘉定籍或居住在嘉定区且有重大影响的人物的著作、论文、证书、照片等，其中相当一部分是享誉中外的各界名人的著作、传记等。在分编个人著述方面，嘉定区图书馆有一套自己的方法，名人著述按作者排架，若以中图法分类号排架，有可能一个名人的著述分散在多处。每位著者文献用单独的档案盒归类放置。首先以档案盒为单位进行编排，盒子按照著者姓名首字母进行排序，其次地方人士档案盒里面的文献资料的索书号由“著者号（著者名字首字母）+ 文献类型代码 + 种次号”三部分组成，文献类型代码根据国家相关的文献类型代码标准加以标识。种次号指的是著者个人所赠资料的顺序号[①]。

第三节　地方文献和专题图书馆建设

公共图书馆专题图书馆建设是以读者对文献信息专题化需求为导向，对馆藏文献信息进行整合，从而提供“专而精”的文献信息服务和参考咨询服务，专题图书馆的建设不仅能提高文献资源的利用率，也能创新图书馆的服务方式，提升图书馆的服务效能。

一、专题图书馆的概念

专题图书馆的概念解释在权威的文献词典中尚未定论，通过查阅中国知网相关研究论文，学术界对专题图书馆的概念还没形成统一的观点。林纯在《公共图书馆服务深化：“专题图书馆”建设》一文中描述，“专题图书馆是以专题来集中

① 王庆稳 . 浅谈图书馆地方文献藏书及排架问题——以嘉定区图书馆地方文献藏书为例［J］. 当代图书馆，2016（3）：44–48.

各种文献，即围绕一个特定题目集中文献，供研究某一专题的读者查找信息。”[①]这一描述强调了专题图书馆的功能是对专题文献的集中和专题信息提供。郭红娟的《公共图书馆专题图书馆建设探微》一文中认为：“专题图书馆是集中收集与特定专题相关的信息资源，为读者提供专题信息服务的图书馆。”[②]王一宁和王惠惠的《公共图书馆专题馆建设研究》认为“公共图书馆专题馆是一种依托于专题资源收藏开展专题服务的图书馆。专题馆的专题资源包括有形与无形的文献资源，也包括丰富的非文献资源。专题服务包括借阅服务、参考咨询服务以及专题读者活动服务等。”[③]综上所述，公共图书馆的专题图书馆必须“以专题为中心”，开展文献资源建设、存放、查阅，并在此基础上开展全方位的专题服务。

二、专题图书馆类型

（一）从专题图书馆与所属公共图书馆之间的地域位置区分

1.“馆中馆”模式

“馆中馆”模式，顾名思义，就是指在主馆内设立小馆，这种专题图书馆一般都是由专题阅览室发展而来，率属于图书馆的某个部门。如南京图书馆在其主楼四楼设立“国学馆”，面积约 4000 平方米，提供 5 万册古籍影印本、3 万册民国文献影印本、1 万余种“新国学”类书籍的查阅。东莞图书馆在馆内设立了漫画图书馆、IT（信息技术）图书馆、衣食住行图书馆、粤剧图书馆等 10 个各具特色的“馆中馆”，每个专题馆服务空间相对独立，装饰布局各具风采。广州图书馆玩具馆也是采用“馆中馆”模式，面积 400 多平方米，以收集世界各地众多玩具和以各国动漫创作和研究的各类文献为主，玩具馆的公共玩具供亲子选择玩要，同时该馆还举办绘本故事、音乐舞蹈、逻辑思维培训等方面的主题特色活动，在玩具和游戏中提升低年龄段儿童的认知能力、动手能力，从小培养阅读习惯和兴趣。

2.“馆外馆”模式

“馆外馆”模式指区域位置独立于主馆之外的专题馆。这类专题馆主要采取

① 林纯．公共图书馆服务深化：“专题图书馆”建设［J］．图书馆论坛，2006（2）：78–80.
② 郭红娟．公共图书馆专题馆图书馆建设探微［J］．图书馆研究，2014（4）：17–19.
③ 王一宁，王惠惠．公共图书馆专题馆建设研究［J］．晋图学刊，2015（6）：41–44.

由公共图书馆与社会团体、企事业单位等机构合作共建、合作管理的方式为主。2018 年《中华人民共和国公共图书馆法》正式实施，明确提出“县级以上人民政府应当积极调动社会力量参与公共图书馆建设”，在图书馆建设专题分馆的过程中，特别是“馆外馆”模式，更离不开社会力量的支持。2016 年，内蒙古图书馆与内蒙古自治区呼和浩特市检察院联袂设立内蒙古图书馆检察院分馆。内蒙古图书馆提供图书 5000 余册，包括法律政治、经济社会、科普教育、文学艺术等多个类别，还将根据检察院需求，定期更新调整图书资源，与市院联合开展读书沙龙和阅读日等活动。此外，呼和浩特市检察院分馆还设立了电子阅览室，为干警停供核心期刊、SCI（*Scientific Citation Index*,《科学引文索引》)、SSCI（*Social Sciences Citation Index*,《科学引文索引》）等多种电子刊物查询索引服务，方便广大干警工作和学习。呼和浩特市检察院分馆是内蒙古图书馆在全区范围内设立规模最大的分馆。该馆的设立也为全市检察干警交流学习提供了良好的平台。

（二）从专题图书馆文献内容特征上看，集聚不同类型的文献资源

1. 地方人士著述馆

地方人士著述馆的文献都是本地人士的个人著作，如果人力、财力、空间等各方面条件允许，只要是本地的作者，所有的文献都可以收入囊中，如果各方面条件有限，也可以先收集当地名人的著述，建立地方名人著述馆，一方面以图文展板形式介绍地方名人事迹，另一方面展示地方名人的著作。如南京图书馆的江苏作家作品馆（如图 3–3），收藏作品分“先秦典籍”“名家杰作”“群芳竞妍”三部分，收录了自先秦时期以来的江苏作家作品，目前已陈列了 800 多名作家的 3800 余册作品。既有南北朝时期刘勰撰写的《文心雕龙》、萧统编选的《昭明文选》，也有宋朝以后范仲淹、施耐庵、冯梦龙、曹雪芹等作家的杰作，还有现当代的朱自清、陆文夫、高晓声、范小青、苏童等作家的名作。此外，还选录了一批当今江苏各级作协会员的优秀作品[①]。

① 江苏作家作品馆开馆 800 多名江苏作家作品成“主场”［EB/OL］.［2012–07–19］. http://news.cri.cn/gb/36724/2012/07/19/6551s3775294.htm.

图 3–3　南京图书馆江苏作家作品馆方志馆

2. 方志馆

地方志是全面了解某一地区历史和现状的重要文献资源，是反映该地地情比较权威的一种文献，蕴含着极其丰富的历史资料。地方志不仅对于研究地方文化的形成、发展及其特色有着重要价值，而且其本身就是区域文化的组成部分。公共图书馆在收集地方文献过程中，对志书类文献的收集是必不可少的，从省志、市志、县志到乡镇志、村志，还有行业志，都在收集范畴之内。该类文献达到一定的量，就可以设立一个相对独立的方志馆，这对于提升文献的利用率、扩大志书的收集面颇有益处。黑龙江省图书馆方志分馆由黑龙江省图书馆与该省方志办共同建设，双方签订了战略合作协议。以“开放办志、开放办馆、资源共享、科学发展”为宗旨，在黑龙江省地方文献资源开发与利用等方面深入开展合作，充分发挥各自优势，此举提高了区域内地方志、行业志、部门志、年鉴的收藏率，形成了较为完整的方志收藏体系，也保证了图书馆地方文献整体的服务水平①。

① 黑龙江省地方志办公室 . 黑龙江省图书馆地方志分馆正式揭牌［J］. 图书馆建设，2012（01）：98.

（三）针对不同的服务对象建立不同主题的专题分馆

1. 为企业、产业园区服务的“产业专题馆”

一个企业的发展离不开对行业领域各方面信息的及时掌握，公共图书馆可发挥人才、资源方面的优势，与企业或社会团体合作，建立某一产业的专题信息分馆。

温州市图书馆早在 2000 年，与温州市皮革协会合作，在鹿城区设立了中国鞋都图书馆，立足温州，面向世界，为鞋业界人士全方位提供信息咨询、资料检索、图书借阅、鞋业设计、专业培训、多媒体制作等一系列服务，收集了中国、意大利、德国、西班牙等国家或地区的鞋革类文献和世界鞋样流行款式光盘。2004 年，温州市图书馆和温州市服装商会共同筹建温州服装图书馆，图书馆负责对温州服装行业关键信息进行搜集和分析，提供技术支持，为企业信息化建设培训专业人才。2005 年，两个专题馆合二为一，成为温州市图书馆鞋服馆，温州市图书馆积极投入人力物力推进鞋服馆各项服务，寻找服务新路子，研发服务新产品，努力通过由鞋服专业协会与图书馆结合而成的这个平台为业界人士提供专业性服务①。

还有一种分馆模式不属于某一产业的专题馆，而是设在产业园区、高新区等面向该区域企业、员工服务的图书分馆，这类图书分馆较之某一产业专题馆，服务内容更为广泛，但比普通的公共图书馆而言，又侧重于该区域企业相关专题信息的收集和咨询。

广州市黄埔区图书馆华新园分馆是广州东部首个产业园区图书馆，地处黄埔区广州科学城核心地段，坐落在华南地区最大、最专业的新材料专业孵化园——广州华南新材料创新园内。面积约 600 平方米，装修风格雅致，动静分区科学，融合图书借阅、休闲、商务洽谈、企业路演等功能。作为企业人才的精神家园，图书馆面向各年龄层次读者提供阅读服务，并贴心设置了温馨、童趣的儿童阅览区，既有适合企业员工阅读的新科技方面书籍，也有畅销的人文史哲类书籍。据称，图书馆还将定期组织插花、烘培等既有趣又可提升自身修养的能力的课程，增添园区的人文关怀，为都市白领精英打造心灵的栖息地，惠及园区 11000 多创业人

① 王一宁，王惠惠 . 公共图书馆专题馆建设研究［J］. 晋图学刊，2015（6）：41–44.

才，并将服务覆盖至周边居民[①]。

杭州图书馆科技分馆是由杭州高新区（滨江）社会发展局与杭州图书馆合作成立的一所区级图书馆，也是杭州图书馆的专业主题分馆之一。杭州高新区（滨江）文化和科技方面的区位优势与杭州图书馆先进的办馆理念、丰富的专业管理经验以及良好的社会美誉度的结合，为辖区广大市民、杭州市高新技术企业提供高品质的文化服务、科技服务，并为开发区（滨江）管委会、政府实施“推进‘三次创业’、打造‘智慧 e 谷’”战略做出贡献。该馆业务定位是向广大市民提供多元化的公共文化服务和专业的天文、环保、科技咨询等服务[②]。

2. 为党政机关服务的专题图书馆

为党政机关服务的专题图书馆可以为党政领导机关提供决策信息服务，是公共图书馆的职能之一，也是公共图书馆发挥自身价值的一个重要方面。此类服务对象以决策型用户为主，并且具有明确的服务主体和服务方向。除了开展有针对政策性研究课题的定题服务、信息决策专刊编辑、重大政务活动的现场信息咨询外，在这些机关单位设立相应的专题分馆也是一种很有效的方式。

广州图书馆在市人大设立主题分馆，馆舍面积约 400 平方米，分为借阅区、展览区、交流区及数字资源服务区，设计馆藏 30000 册（件），期刊 80 余种，全国及人大交流各类连续出版物 100 余种，自有数字资源 500G（千兆），数字资源查询机 6 台，歌德电子书借阅机 1 台，可触摸一体机 3 台。分馆紧紧围绕提升人大常委会、人大代表和机关干部履职能力，致力于为人大工作提供优质、便捷和人性化的图书文献和信息咨询服务，致力于丰富人大机关干部、人大代表、社会公众的文化生活，促进“学习型”机关的建设服务。分馆定位于成为全市人大系统理论、人大工作业务书籍及市人大档案文献的收藏中心、数字资源中心以及信息咨询平台，打造地方人大系统一流的复合型专业图书档案馆[③]。

重庆图书馆知识产权法律分馆是重庆图书馆与渝北法院合作共建的知识产

① 广州黄埔区图书馆华新园分馆：600 平方米托起万人梦想［EB/OL］.［2017–11–11］. http：//www.gd.xinhuanet.com/newscenter/2017–11/11/c_1121938618.htm.

② 杭州高新区（滨江）图书馆暨杭州图书馆科技分馆正式运营［EB/OL］.［2016–05–11］. http：//www.hzlib.net/hdyghz/1624.htm.

③ 广州图书馆直属分馆市人大分馆［EB/OL］.［2015–10–09］. http：//www.xinhuanet.com/local/2017–11/10/c_1121938055.htm.

权法律专业分馆，该分馆位于重庆市两江新区创新创业大厦二楼，馆舍面积约130平方米，现有藏书4000余册，工作人员2名，自助图书借还机1台。同时配备有8台外网电脑，均安装了重庆图书馆的“数字图书馆”客户端，共享重庆图书馆数字资源，能够同时满足50人使用。分馆内设置有公共阅览区与法官阅览区两大区域，能够满足法官、诉讼参与人、企业员工和社会公众的不同借阅需求。除了专题文献的借阅，该分馆也与法院合作开展普法服务、审判常识宣传和专门法律问题解答；为审判研究、法官工作需要提供定题文献的服务，为辖区重点企业提供知识产权专题文献服务，这既能为相关群体和人员解决疑难问题提供大量的参考文献，又能为其提供交流学习平台，实现知识产权理论与实践的相互促进；馆院双方在此基础上还将继续共同打造重庆市最具知识产权专业特色、知产审判和研究文献收藏齐全，满足法官干警、诉讼参与人和社会公众多元知产法律文献服务需求的知识产权法律专业分馆①。

（四）以人名命名的专题图书馆

在我国以人名命名的图书馆并不少见，这类图书馆大多分为三类：一是为了纪念某位逝去的伟人而以伟人命名的的图书馆；二是由于个人捐资或捐献文献，从而以捐赠人命名的专题馆；三是收藏有某位名人的文献专题，以该名人命名的专题馆。

1. 为了纪念某位逝去的伟人而以伟人命名的图书馆

位于湖南韶山的毛泽东图书馆，是一个专题图书馆，旨在建成“毛泽东思想研究资料中心”。该馆收藏了毛泽东相关文献十万余册、书画作品六百余幅、影碟三千多张，已建成了一个包含四万条数据的毛泽东文献书目数据库，经常开展“毛泽东著作版本展”“馆藏珍品陈列展”等活动。因为绍兴是鲁迅的故乡，绍兴图书馆以前也叫鲁迅图书馆，在2000年延安路新馆落成后，才改称绍兴图书馆，目前仍保留鲁迅图书馆的馆名。

2. 以“捐赠者”命名的专题图书馆

以“捐赠者”命名的高校图书馆最多见的是“邵逸夫图书馆”。香港著名慈

① 重庆图书馆知识产权法律分馆渝北开馆［EB/OL］.［2016-04-27］. http：//www.chnlib.com/News/yejie/2016-04-27/60166.html.

善家邵逸夫先生在大陆投资建设了很多建筑，其中包括很多高校图书馆。厦门集美大学的嘉庚图书馆是爱国华侨陈嘉庚个人投资建设的。这类以“捐赠者”命名的图书馆其实是综合性图书馆，虽以“捐赠者”命名，但其收藏的文献并非与“捐赠者”相关。《公共图书馆法》规定：“公共图书馆可以以捐赠者姓名、名称命名文献信息专藏或者专题活动。”这个规定更侧重了捐赠者与专藏文献的关系。湖北省图书馆在馆内设有一个“馆中馆”——徐行可纪念图书馆（图 3–4）。徐可行先生是一位著名的收藏家，精于目录版本之学。他把个人收藏的近 10 万册古籍捐赠给湖北省图书馆。

图 3–4 徐行可纪念图书馆

湖北省图书馆在珍藏守护徐氏旧藏古籍的同时，建成 300 平方米的纪念图书馆，编制徐氏藏书目录，搭建网络服务平台。徐行可纪念图书馆集文献展示、资源查阅、学术研究于一体，成为该馆的“特色专题馆”。

3. 名人研究文献专题馆

此类专题馆集聚了某位名人的著述和研究文献，对于研究使用者来说，专题性和学术性比较突出。在建设此类专题馆，收集名人专题文献时，图书馆要尽可能的把这类文献收全，而且注重对名人手稿、音像、照片、书信等非书资料的收集，载体尽可能丰富。

钱学森图书馆位于上海交通大学徐汇校区，占地面积 9300 平方米，拥有馆藏文献、资料、实物等 84000 余件，是国内外钱学森文献实物最完整、最系统的收藏中心。河北省沧州市图书馆为当地名人纪晓岚建立了专题文献馆，馆内藏有现代版本文津阁《四库全书》、文渊阁《四库全书》《续修四库全书》、纪晓岚文献的古籍版本与现代版本和后人关于纪晓岚的研究、开发利用的文献资源。同时，收藏了 1995 年复制的 99 方纪晓岚藏砚艺术品，为纪晓岚研究者提供较为全面的文献支撑。

三、专题图书馆文献资源建设

专题馆中的文献资源是吸引读者的首要因素，因此，必须重视专题图书馆的文献资源建设。首先应该考虑怎样选择专题。一个图书馆应该建立哪方面的专题馆，可从以下几个因素考虑：一是对自身的特色馆藏进行评估，哪类特色馆藏在文献数量和文献质量上具备优势，并且此类文献在后续的资源收集过程中能可持续增长，那么可以考虑将这类特色馆藏发展成为专题馆的备选之一；二是应考虑这类专题是否体现地方特色，只有立足本地、有地方特色的东西才能让专题馆更具生命力，服务当地的政治经济文化发展，才能发挥专题馆的社会效益；三是在确定专题时要考虑公众的需求所在，选择他们感兴趣的，对其学习、工作、研究有帮助的专题。

专题确定后，就要开始对这一专题的文献进行集中的收集。采集人员首先要对这一专题的文献组成类型有全面的了解，不同的专题，其文献构成是不同的。如地方名人类专题，其文献构成包括：名人著述、名人研究文献、名人家谱、名人手稿、书信、照片、影视资料等。地方产业类专题，其文献资源构成包括：该产业相关政策文献、国内外市场调查报告、企业案例介绍资料、现状发展研究资料、地方相关企业的内部资料、企业与产品目录资料等。

采集的方式除了通过正常的采购外，必须进行分散的自行采购，如向专业机构采购，网络旧书店的补购、向民间收藏人员采购。除了花钱买，专题文献的采集更重要的是靠征集人员的上门——征集。另外一种方式，是图书馆与其他相关机构合作共建专题馆，由双方共同建设馆内资源，如与家谱协会合作共建家谱专题馆，与方志办合作共建方志馆，与相关企业合办共建行业专题馆。

专题文献采集时要做到以下四个方面。

全面：不仅要全面地收集与该专题相关的纸质文献资料，还要收集相关数字化资源，如视频资源、数据库资源。

完整：确保专题文献资源体系完整，知识结构完整。如建设地方方志馆，不仅要从时间结构上保证完整性，而且要在区域上保持完整性，不能只收新修的志书，而忽略民国时期的当地志书，也不能只收市志、县志，而遗漏了镇志、村志、行业志。

专深：专题文献主要为研究人员服务，因此文献必须要专业，要有一定的深度，有一定的学术价值和针对性。

及时：采集人员要时时关注专题最新的研究成果、出版信息，及时采集、及时更新。

四、专题图书馆开展专题服务的方式

专题图书馆在提供公共图书馆常规服务的基础上，要开展独具特色的多层次的专题服务。

（一）专题文献的有效揭示与推广

对馆藏的专题文献进行书目编制，在专题馆内设置“专题信息展示栏”，发布馆藏专题文献的收藏情况、排架规则、最新入藏文献推荐，并且可以发布与本专题相关的一些前沿动态信息，如在家谱专题馆，发布圆谱仪式信息。定期编辑专题文献推荐书目发布在图书馆网站首页、微信、微博，扩大专题馆文献的推广面，提高专题文献的利用率。

（二）专题文献的二次开发

专题文献所包含的信息资料涉及众多的学科、文献内容庞杂，如果根据读者的需求倾向，图书馆积极主动地对专题文献进行分类，通过剪报、摘要、提要等形式把零散的专题资料按主题系统地呈现在读者面前，可以节约读者查找专题信息的时间。绍兴图书馆和绍兴市家谱协会联合编制的《绍兴市家谱总目提要》，就是以书目提要的形式对家谱专题文献的二次开发，成为查找绍兴市家谱文献的最重要的参考工具书。

（三）课题跟踪服务

参考咨询服务是专题馆的重要任务，专题馆可凭借专题资源优势和学科馆员优势，为读者提供文献代查传送服务，为研究人员或研究团体的课题开展文献跟踪服务①。专题馆的学科馆员对读者咨询的课题要进行登记，并制定专人负责跟踪，跟踪人员要及时了解课题科研进展情况，并提供资料收集方案、课题数据分析、国内外研究进展与动态，向研究人员收集攻坚克难的信息资料，既能避免低级重复劳动，又能确保课题高质高效完成。专题馆要树立“动态咨询”理念，用辩证的观点、科学的态度和发展的眼光，密切关注课题研究的走向，精准捕捉、分析情报资料。提供给课题组研究人员的资料既要有深度又要有广度，让他们在论证观点或进行理论推导时能够资料丰富，数据翔实，引据充分，促使他们对已形成的研究成果进行分析、综合，尽快获得新思想、新观点，为课题的继续研究寻找最佳方案。

（四）组织专题读者活动

目前基本上每个图书馆的服务都融文献借阅与读者活动于一体，专题馆亦可依托专题文献资源，策划相关的专题读者活动，从而推广专题资源，提高读者的参与度，进而提升专题资源的利用率，建立相对固定的专题读者群。除了开展“你听我讲”的单向输送知识服务模式的读者活动外，专题馆还可以创建某个专题的“朋友圈”，组织圈内的读者开展主题沙龙活动，设定专业主题，邀请嘉宾共同探讨，为其提供互动交流的平台，交流彼此的研究成果。上海浦东图书馆开展航运专题服务，馆内经常开展以普及航运知识为目的的航运史话，航海史等科普讲座以及跟航运有关的“全球购”“海淘”“邮轮安全”等生活化的航运微沙龙。

① 李正祥，马英，苏静芹．公共图书馆专题图书馆的管理与服务［J］．图书馆建设，2011（10）：86–89.

在中国航海日等特殊纪念日，馆内还举办一些图文展、航母展、照片展，让读者更直观地了解航运知识，了解馆内的航运专题文献，吸引读者对该专题的兴趣[①]。此外，专题馆可开展专题培训服务。根据专题的类型和读者需要，以多种形式开展实用性培训，发挥图书馆的社会教育职能。如广州图书馆语言学习馆，针对新居民开展粤语培训。

① 瞿方华 . 公共图书馆专题服务实践与思考——以浦东图书馆航运专题为例［J］. 图书情报导刊，2016（5）：56–58.

第四讲

地方文献的分众阅读推广

文化是一个民族的血脉，是一个民族得以永续发展的内生动力，民族的存续与发展得益于她的文化宝库的不断丰富和继承。文化传承与创新的主体是广大人民群众，在文化传承过程中，通过对前人优秀文化成果的学习、转化和吸收，并根据时代发展加以创新，让文化精华在滋养自身的同时推陈出新，传播优秀文化、弘扬文化精神，使优秀的文化成果得以传承和创新。任何一种文化最初都是在某一特定地域产生，然后逐渐扩大其影响面，为更多的人接受。就地方文献而言，是对某一地区经济、文化等各个方面历史积淀下来的独特文化的集中反映，能够体现出该地区的文化特质。我国著名图书馆学、目录学专家，原广东省立中山图书馆馆长黄俊贵先生认为"地方文献是记录有某一地域知识的一切载体"①,是一种形式多样、内容丰富，记录着某一特定地域的历史、地理、社会经济、政治、自然资源、科教文卫等多方面的信息资料，是认识和了解一个地方的"百科全书"。

地方文献具有明显的地区性、鲜明的时代性、载体的广泛性和内容的丰富性等特征，是地方文化得以传承的载体。地方文化在传承过程中不断地影响着一代又一代人的世界观、人生观和价值观，同时又创造出新的文化元素，丰富文化的内容②。作为地方文献的主要保存者和传播者,公共图书馆在地方文献阅读推广中肩负着重要的历史使命和现实责任，其势必在弘扬和传播地方文化方面发挥着主导作用。公共图书馆既是阅读环境的主要营造者，也是阅读行为的主要指导者，要结合本地域的特点，进行积极、正确的价值引导，成为地方文献阅读的主要推

---

① 黄俊贵．地方文献工作刍论［J］，中国图书馆学报，1999（1）：55–60．

② 骆伟，朱晓华．试论地方文献与地方文化的关系［J］．图书馆论坛，2000（10）：3–6．

动者，使优秀的地方文化得以薪火相传。

第一节　地方文献的阅读推广方式

地方文献作为一个地区政治、经济、文化和社会事业发展，以及风俗、民情、自然资源等各方面状况的综合反映，不仅为当地政府制定各项发展计划、方针政策提供了重要的依据，也为研究地方历史、弘扬地方文化、进行乡土教育提供了丰富素材。为了发挥地方文献的资政、科研和教育功能，使其内在的价值得到体现，公共图书馆尤其是地方文献藏量丰富的公共图书馆必须做好收集、开发和利用地方文献的工作，充分揭示馆藏地方文献的特色，积极搭建地方文献阅读推广的平台，以便更好地将本馆特色资源介绍给大众。

公共图书馆开展地方文献阅读推广活动，有助于推动地方特色文化的传承和传播，增强民众对地区文化的认同感，提升地区人文素质。因此，公共图书馆开展地方文献阅读推广工作具有充分的必要性和可行性。要让阳春白雪的地方文献被普通大众所了解，阅读推广工作十分重要[①]。地方文献的阅读推广工作，应采取读者细分策略，依据读者的年龄、使用目的等，将读者群细分，开展针对性强、目的明确的各种地方文献阅读推广工作，满足不同类型的读者对于地方文献的需求，从而提高地方文献的利用率。

一、建设地方文献专题服务区展示本土特色馆藏资源

地方文献包括地方史、地方志、地方人物及其著述等几大方面，不论是现代的、古代的，平装的、线装的，纸本的、非纸本的，非凡的、常规的，单行的、连续的，图表的、实物的……所有相关文献都在此列。通过设立各种地方年鉴、地方志及行业志、地名志、黄页类、非物质文化遗产代表作、作家手稿、知名人士捐赠藏书等地方文献专题服务区展示地方文献，方便读者对地方文献的查询和利用。

① 王明旭．阅读推广背景下公共图书馆的地方文献宣传工作［J］．图书情报导刊，2016（5）：110–113．

图书馆不仅要收藏本地区正式出版的地方文献，而且要收藏非正式出版的地方文献；不仅要把地方政府公开的信息作为公共信息资源的重要组成部分，而且要把各级机关、企事业单位出版的刊物作为重点收藏。然后，再把所有收集到的地方文献资料加以有序整理、著录、分编，并进行深层次的分析和研究，建立多主题特色馆藏资源，从而创建具有自己特点的高质量地方文献品牌。

创办地方文献导读简报，不仅可以及时地更新馆藏地方文献书目的信息，准确地发布信息，还可以对地方文献中的某个专题藏书做简要的介绍，让对地方文献有兴趣的读者在查阅时可以进行参考，起到辅助导读的作用。

二、利用地方文献专藏资源定期举办专题讲座

长期以来，我国公共图书馆普遍存在着地方文献“重藏轻用”的现象，地方文献开发利用仍然停留在文献信息服务阶段，公共图书馆举办的活动项目亦较少围绕地方文献开展。图书馆应利用自身的地方文献及本土文化专家资源，定期开展地方文献专题讲座活动。地方文献系列讲座，就是根据有关地方文献，按时间、地域或主题等整合成多个系列，由浅入深，纵横结合地进行。讲座内容可以选取域内发生过的重大历史事件，也可以选取产生过重要影响的域内人物。域内各地的风俗民情、著名景区、特色饮食、特色建筑、特色艺术等，都可以作为系列讲座的主题。举办地方文献系列讲座为的是吸引读者，让读者对当地地方文献有更好的了解，愿意将更多注意力放在地方文化上面，在弘扬地方优秀文化精神的同时进行爱国、爱乡教育。

三、挖掘馆藏资源，制作并开展专题展览

专题展览是地方文献阅读推广的常见形式，通过设定主题，对馆藏地方文献进行深度挖掘，以文献图片展的形式，吸引读者并使读者对展览内容产生浓厚的兴趣，体会、品味和感悟地方文化。馆藏地方文献专题展览可以揭示本馆的特色资源，激发读者对地方文献的兴趣，进而进行深度阅读。山西省朔州市图书馆于2016年起连续举办“手抄地方文献”阅读推广活动，活动要求读者自愿选择馆藏地方文献中的有关内容进行软、硬笔手工誊抄，所抄内容的题材和体裁不限，

但每次抄写的内容应尽量相对完整、独立。活动积极引导读者发现、挖掘并利用朔州地方文献这座文化“富矿”，并以书法艺术这一中华优秀传统文化的形式呈现出来，达到“以写促读，以读促知，以知促用”的效果，取得了很好的社会反响，“手抄地方文献”阅读推广活动也得到业界专家学者的肯定和称誉。

四、建立开放的地方文献数据库

随着现代信息技术的发展与广泛应用，数字图书馆成为图书馆发展的新形态。公共图书馆的服务载体、手段、空间、对象等将发生重大变化，纸质文献将逐渐向数字资源过渡，封闭式文献收藏向开放式资源共享拓展，服务空间从实体空间向实体与虚拟相结合空间转变，服务对象从图书馆读者向全社会用户延伸。公共图书馆应该顺应时代潮流，加快开发虚拟地方文献信息资源，建设地方文献特色数据库，以实现信息畅通、资源共享。上海图书馆建立“上海图典”“上海文典”等地方特色数据库。河南、湖北、陕西等省图书馆分别推出河南地方戏、荆楚民俗、陕西帝王陵等非物质文化遗产专题网站、数据库。地市级公共图书馆地方文献特色数据库建设工作也颇有成效，绍兴图书馆建立“兰亭书法节”“绍兴古桥”等特色数据库，广州图书馆建有“广州大典”数据库、广州人物数据库、广州人文数字图书馆等数字资源，此外，苏州、佛山等公共图书馆也都建立了本地的特色数据库。

五、建立区域地方文献协作网，实现文献资源的联合共享机制

区域地方文献协作网是指以省市图书馆为中心，与当地的档案馆、博物馆、出版社等掌握地方文献信息的单位进行有效的联合，通过与这些单位建立友好合作关系，从而达到地方文献的共建共享。地方文献信息资源的共建共享需要多行业参与、协作，其目的是要形成公共馆、高校、科研院所、地方相关部门、企事业单位、民间个人等交互联系协作的多层次结构，使共建内容更全面，类别划分更细致。区域地方文献协作网建设可尝试以下模式：地方横向协作网模式、专业系统纵向协作网模式、地区间横向协作网模式、纵横交错的网状模式等。

六、尝试借鉴“真人图书馆”服务模式

“真人图书馆”是较新的阅读服务模式，正逐渐为越来越多的图书馆认可和接受。地方文献的阅读推广服务也可以模仿借鉴这种方式，利用“真人图书馆”的优势，让读者直接阅读地方文献“真人书”，将为图书馆地方文化阅读推广工作开辟新的途径。地方文献“真人书”所具有的隐性文化知识，可以说是当地重要的地方文献资料，“真人图书馆”可为这些隐性知识的开发与利用提供一个交流展示的平台。当然，“真人图书馆”服务模式要真正发挥其正面作用，并逐步实现其常规化、规范化、持续化发展，仍需要图书馆人继续摸索前行。

七、加大地方文献新媒体阅读和宣传力度

加大地方文献新媒体阅读和宣传力度主要可以通过以下几点完成：① 利用公共图书馆的官方网站、微信平台、应用程序网站、微博等新媒体的形式来进行地方文献阅读书目的推广和介绍；② 利用网站链接的形式将本馆具有地方文献特色的资源介绍和展示出去；③ 利用电视图书馆、移动数字图书馆等新一代高新信息技术，创新地方文献阅读方式；④ 利用可以利用的其他机会宣传、推广和介绍馆藏地方文献。

随着互联网技术的不断发展，数字阅读越来越受到人们的欢迎，也逐渐成为地方文献阅读推广的重要组成部分。新媒体技术给地方文献阅读活动的开展和推广注入了新的活力，全国各地涌现了很多新颖的阅读方式。

（一）电视图书馆

把图书馆“搬回家”，打开电视就能阅读。利用电视媒介呈现图书，不仅拓展了现有的阅读形式，而且将图书馆的功能做了进一步的挖掘。电视图书馆具有众多优势：首先，它可以提供 24 小时的阅读服务，在时间上完全不受限制；其次，不受地域约束，只要打开电视机，足不出户就能够共享图书馆资源；再次，电视图书馆能够覆盖军区、学校、农林科技站点及广大农村区域，覆盖人群相当广泛；最后，电视图书馆的操作简单，普通市民不用学会复杂的电脑操作，不用采购电脑以及智能手机等电子设备，打开电视就能实现阅读、学习。自 2009 年国家图

书馆开展电视图书馆服务模式后，全国多地都开始打造电视图书馆。江苏省镇江市于 2012 年 5 月 28 日正式开播电视图书馆，包含 1 个视频类栏目、8 个图文类栏目和 1 个预告栏目。浙江省绍兴市于 2012 年 10 月在绍兴数字电视平台上开通电视图书馆（如图 4–1），包括电视阅读、电视学堂、听书频道等在内的 15 个频道。目前，“绍兴电视图书馆”已实现数字电视、电脑、手机等多载体传播，绍兴市民通过手机、电脑、电视等载体，都可以收看适合自己并喜欢的节目。浙江省宁波市于 2015 年读书周期间开放了电视图书馆，该馆以宁波市现有的资源为基础，以阅读活动资源和地方文献资源为特色，利用数字电视技术，实现有声读物、纸质文献、视频三者结合的阅读模式。山东省济宁市于 2016 年 4 月 22 日面向全市 140 万户家庭 800 万人发布电视图书馆。

图 4–1　绍兴电视图书馆

（二）移动数字图书馆

随时随地体验视听阅读乐趣。随着互联网技术的不断发展，人们的阅读方式和载体都发生了改变。电视图书馆可以说是一座“虚拟图书馆”，读者可以把图书馆“搬回家”，而移动数字图书馆则是可以让消费者随时随地把图书馆带在身边。如河南省开封市，为了更好推进全民阅读发展，大力发展了移动阅读服务，引入了目前国内最先进的数字化阅读设备 24 小时电子书借阅机，每一台借阅机都有 3000 种正版电子图书，每个月保持 200 种图书更新，这些图书涵盖小说传记、文学名著、少儿教育、文化艺术、社会法律、历史地理等各个门类，读者只要用手机扫描所选图书的二维码，就能够将自己喜欢的电子书籍下载到手机中，随时随地进行阅读。这些 24 小时电子书借阅机均安置在人流集中、交通便利的地点，通过这些电子书借阅机，全市人民都能免费体验数字图书馆的信息服务。又如浙江省宁波市开展的“悦读书亭”阅读新服务，将纸质书和电子阅读交换结合的新型移动图书馆放置在人流密集的城市中心，免费提供 2 万集有声读物、3 万种电子书以及 300 种报纸的下载，市民可随时享受阅读的快乐。事实上，全国各地的移动图书馆各具特色，除了有自建新平台，还有利用微信公众平台等新媒体搭建移动数字图书馆等形式。数字图书馆的内容除了数字化的图书，还包括电影、有声读物、期刊等，读者可以随时随地把图书馆“装进”手机，享受海量的阅读资源，体会试听的乐趣。

图书馆作为社会公众阅读的领航者，需要不断地探索新的阅读推广服务模式，以适应时代的发展和读者的需求。传统的地方文献阅览工作主要是为读者提供阅览室进行地方文献阅读，以及地方文献书目查询指引等。在当今这个网络时代中，特别是在倡导全民阅读的背景下，地方文献阅读推广工作也必须紧随时代脉搏，适应现代社会的发展需求和读者需求，积极探索并尝试新的服务模式[①]。所以，加大地方文献阅读推广服务的力度，将是全民阅读背景下公共图书馆的当务之急和重中之重。

第二节　未成年人地方文献的阅读推广

地方文献是一个特定地区的“百科全书”，全面记录了该地区在各个历史时期政治、经济、文化、科技、教育等方面的发展成就和重大活动。由于地方文献本身所具有的特点，决定其在传承弘扬地方特色文化，培育爱乡爱国情感，进行爱国主义教育中具有不可替代的价值。近年来，在“全民阅读”的“土壤”滋养

① 范并思．公共图书馆阅读推广的发展趋势［J］. 图书馆杂志，2015（4）：11–15.

下，未成年人阅读越来越受到重视，各地纷纷开展关于未成年人的阅读活动，内容十分丰富，形式多彩多样。但在这些活动中，地方文献尚未得到重视。绝大部分的未成年读者对地方文献的认识非常模糊，甚至一无所知。各级公共图书馆应当承担责任，以未成年人活动为切入点，在未成年人活动中开展地方文献阅读推广尝试，找出其成长点和活力源泉，通过成熟丰富的未成年人活动，使其成为未成年人阅读的一个组成部分。地方文献阅读推广可帮助未成年人认识地域的文化特性，认清所处的人文环境，通过地方文献了解地方人群独特的人生观、价值观、世界观，引导未成年人发扬其精华，摒弃其糟粕，形成正确的与时俱进的乡土观念，增强地方在文化认同下的凝聚力①。

一、揭示地方文献中优秀历史人物，激发青少年爱国情感读优秀图书

我国有优良的爱国主义传统，它是中华民族共同的精神财富，是推动中国社会前进的巨大力量。爱国是对祖国最浓厚的感情，是任何民族、任何国家赖以生存和发展的精神支柱，是教育的永恒主题。孙中山先生就曾说过“国者乡之积也，爱国者亦必爱乡”。每个地区在历史发展长河中都有着令当地人民骄傲的抗击外来侵略、争取民族独立解放的斗争史，这些史实正是靠地方文献如实记录并流传，让人们了解和接受的。图书馆可采取多种方式，将地方文献与爱国主义教育相结合，如揭示地方文献中优秀历史人物，以地方文献展厅为平台，编制爱国主义优秀图书推荐目录，开展专题书展；举办系列专题讲座、读书报告会、征文比赛的活动等，激发青少年爱国情感。地方文献在教育今人和后人，尤其是教育未成年人，弘扬爱国主义精神等方面有着不可估量的作用。

二、选择优秀地方文献为乡土教材，激发青少年热爱乡邦的情感，培养他们发奋读书的好习惯

地方文献具有“资政、励志、存史”的作用，在青少年读书活动中运用地方文献，能引导青少年了解、利用地方文献，养成良好的阅读习惯，提升阅读

① 郑小灵. 地方文献阅读推广与少儿阅读［J］. 公共图书馆，2017（1）：44–48.

能力，增强读书活动文化内涵，促进青少年充分利用乡土资源培养社会主义核心价值观。乡土教材是一种反映并传承地域文化与民族文化，实现人们对乡土的认知，培养人们的乡土情感和国家情感的教育材料。乡土教育是素质教育的重要组成部分，选择优秀地方文献为乡土教材，增加青少年对本土知识的了解和关注，从而增强他们热爱祖国、热爱家乡的真挚情感，培养他们发奋读书学习的好习惯。

公共图书馆是地域传统文化的保存者和传播者，在地域传统文化阅读推广中有着义不容辞的责任，在传承发扬地域传统文化中起着主导作用。图书馆、学校要充分挖掘地方文献中与本土相关的知识，作为乡土教材的重要内容，在青少年中间组织开展以认识家乡、热爱家乡为目的的教育活动，促进各种阅读活动的开展。地方文献阅读推广的一个重要指导思想原则，就是要向青少年灌输正确的热爱这方水土的观念，爱家爱家乡，才能真正上升到热爱祖国。每个地方都有引以为傲的人、事、物，地方文献记载了最有意义、最生动、最亲近的爱国主义教育的优秀乡土素材，通过它们可使青少年了解本土深厚的历史文化内涵，增强对本土文化的自信心和自豪感，从小树立参与家乡建设的理想和信念，是开展爱国主义教育的有效途径。

图书馆还可以通过开展举办各种适合未成年人特点的读书活动，以讲故事、听故事、手工课、歌唱吟诵、游戏、话剧、绘本剧、音乐剧等形式手段开展地方文献的阅读实践和体验。图书馆应探索未成年人活动融入地方文献的可行途径和内容定位，发挥未成年人活动的独特优势，也发挥图书馆地方文献的资源优势，把本地区的历史、文化传递给未成年人，从而使未成年人去感受家乡的文化积淀，加强对家乡的感情，进一步激发未成年人爱家乡、爱祖国的情感，使未成年人成为地方文献推广的一个重要阵地。地方文献在不断丰富充盈未成年人阅读生活的同时，地方的优秀文化成果也将跟随未成年人读者经历求学和工作、生活的过程，延续对地方文献的关注，形成以地方文献为资源基础的学习交流中心。

第三节 残障等弱势群体的地方文献阅读推广

弱势群体包含残障人士、老年人、未成年学生、城乡无业失业及进城农民工等生活困难群体。我国目前有老年人 2.49 亿（2018 年），残障人士 8500 多万、其中视障人士就有 1200 多万（2010 年）。《公共图书馆宣言》明确提出：每一个人都有平等地享有公共图书馆服务的各项权利。残障、老年读者以及外来务工者等作为社会弱势群体，由于生理、心理、知识结构等因素的影响，社会融入度较低。近年来，公共图书馆根据弱势群体的自身特点，量体裁衣，利用优质的资源，通过不同方式开展了形式多样、内容丰富的阅读活动，有力地推动了残障等弱势群体的地方文献阅读推广工作。然而，由于弱势群体的特殊性和局限性，阅读推广服务收效并不乐观。在全民阅读浪潮袭来时，公共图书馆为弱势群体提供的阅读推广服务，是弱势群体平等自由地获取信息资源的有力保障，也有助于实现公共图书馆公益服务的均等化、普遍化。弱势群体读者作为读者群体中最需要文化和精神援助的群体，更需要图书馆开展有针对性的服务，以提高其自身社会经济文化需求，以实现其致富奔小康、脱离弱势群体、自我实现的目的。

一、残障读者的地方文献阅读推广工作

残障人士在阅读的认识、需求、获取上与正常人有不同之处，这主要是由于残障人士自身特点而产生的，体现在以下三个方面：① 自身生理和心理等条件的限制。如：生理、智力或精神等方面的缺陷使得残障人士在学习和交流上存在很大困难。② 阅读信息的内容和类型有特殊性。大多数残障人士对康复、专业技能、就业、维权、福利有急切的需求，不同类型的残障人士更倾向于与其相适应的载体知识。③ “阅读过程”和“阅读空间”存在很多障碍。因此，公共图书馆要充分掌握残障人士自身特点，以不同类型的残障人士为服务对象，认真做好阅读倾向、习惯、内容等方面的调查研究，分层开展阅读推广指导，积极发挥图书馆的作用。

残障读者的阅读推广活动不仅要靠图书馆一方积极参与，也需要与残联、特殊学校、社区等多个部门联动。美国公共图书馆阅读障碍症服务就借助了社会多

方的力量，如政府机构、基金会、社区等。为此，图书馆应当和各方力量合作，构建行之有效的残障读者阅读推广协作平台。具体做法有：第一，加强与社区图书馆合作，设立图书流通点。社区图书馆是残障读者阅读服务基层服务平台，使残障读者在社区就可以方便地获取各类阅读资料。社区图书馆能更多地了解残障人士和差异化阅读习惯与阅读需求，有针对性地开展特色阅读活动。第二，公共图书馆要与基金会、慈善机构、特殊教育机构、出版机构进行合作，并利用网络媒体扩大影响，将残障读者阅读服务推广至全社会。

二、老年人群体的地方文献阅读推广工作

我国已进入老龄化社会，相关调查显示，截至 2018 年年底，我国 60 岁及以上老年人数为 2.49 亿，占总人口数的 17.9%，预计 2050 年中国 60 岁及以上老年人数将达到 4.87 亿，占总人口数的 34.9%，这意味着老年读者将成为公共图书馆主要的阅读群体之一。公共图书馆作为阅读的主要阵地，应该积极推进老年人阅读推广工作，这既是保障老年人合法权益的需要，也是我国建设学习型社会的需要。有部分老年人从紧张忙碌的工作岗位上退休，一下子空闲下来，无论是生理还是心理上都无法接受，图书馆应针对这种情况，帮助他们尽快地适应当前的社会生活。图书馆应该以老年人喜欢的方式进行地方文献阅读推广，并鼓励老年人发挥余热，实现价值。老年人的各方面习惯都容易受到过往生活的影响，阅读习惯也是如此。对老年人的阅读推广，主打怀旧主题的活动更容易拉近与老年人的距离。图书馆的地方文献阅读推广活动应该丰富多样，不要局限在严肃阅读方面，阅读推广活动的范围应该扩大。如应该鼓励老年人来图书馆，参与各种交流活动，特别要鼓励他们参加能发挥自身价值的阅读推广活动，使老年人不断地学习，不断地充实自己，乐在其中。

三、外来务工人员的地方文献阅读推广工作

外来务工人员，是以农民工为主体，以农村户口为背景，在城市第二、三产业从业的人员，主要属性是外来者，有一部分是游离于城市核心人群之外的边缘人。外来务工人员的城市融入问题，不仅需要从管理制度上积极探索，更需要从

文化融入上进行研究，因为要想使外来人员真正对一城市有归属感，在心理上真正融入该城市，最核心的是要了解、认同、融入这个城市的文化，最终真正融入城市，正如文化部社会文化司前任司长于群所言："文化是农民工融入城市的桥梁"。但从当前研究或现实中可知，外来务工人员的文化融入问题还没有被提上重要日程，如何使得数量庞大的外来务工人员认同乃至融入流入城市的文化，而不是以边缘人或过客的心态来对待，应该引起社会各界的广泛关注。地方文化的开发、推广、普及能促使外来务工人员的思想、文化、习俗当地化，使之在潜移默化中认同乃至融入当地文化，最终和谐地融入当地生活，因此，这是外来务工人员城市文化融入最快速也是最根本的方法。另一方面，对外来务工人员开发、推广、普及地方文化也有助于城市文化的弘扬和传承。图书馆作为文化机构，具有人类文化遗产保存、开发、传播的职责和社会教育的职责，应该肩负起开发、推广、普及地方文化以服务外来务工人员，促使其真正融入当地城市生活的重担。

据国家社科基金重点研究项目"弱势群体知识援助的图书馆新制度建设"课题组调查人员在北京、武汉、深圳等地对外来务工人员（农民工）调查显示，绝大部分外来务工人员很少接触，甚至从未去过图书馆，而其最希望图书馆开展的服务中，"流动图书馆"服务位居前列。所以流动图书馆服务方式非常契合外来务工人员的特点和需求，地方文化推广、普及可通过流动图书馆进行。图书馆可以在外来务工人员居住、工作较密集的地方和农民工子弟学校设立流动图书馆，通过流动图书馆把适合外来务工人员阅读的地方文献资料、音频、视频等送到外来务工人员手中，还可以在服务点开展地方文化普及的知识讲座、竞猜、征文、地方文献展示等活动。

总而言之，加强外来务工人员对流入城市的文化认同、融入是解决其城市融入且和谐相处的必要途径。图书馆应该肩负起对外来务工人员的文化服务重任，开发、推广、普及地方文献是对其文化服务的重要部分，应该予以重视。

第四节　区域外人员地方文献的阅读推广

图书馆作为一个地区重要的文化基础设施，是社会文明程度的重要体现。因此，图书馆尤其是公共图书馆应该承担起文化交流和文化推动的角色。在数字化时代，如果没有资源、服务、管理等方面的交流与合作，任何单个图书馆的作用都非常有限。交流、合作、共享已经成为每一个图书馆的生存方式和发展之路。图书馆不仅要开展与国内各类图书馆的合作，还要积极寻求国际图书馆间的交流，在合作中提升自身的核心优势与竞争力，凸显图书馆在社会中的地位和价值。图书馆正以全新的姿态，不断探索挖掘文化交流的服务形式，积极搭建国内外文化交流的服务平台，为提高区域外人员文化体验，打造基于不同文化传统和交流方式的“大阅读”服务模式，着力开辟独具特色的图书馆交流文化驿站，交流区域文化，拓宽图书馆发展空间。

图书馆通过开展国内外交流合作，取得了宝贵的经验，也尝试了多种渠道。经验包括：一是通过政府间的合作，争取政策支持，推动图书馆界的合作发展。二是加强馆际合作与交流，从参观、互访、资源交换与传递等方面逐步加深双方关系，从而扩大对内和对外的宣传力度。三是通过召开学术研讨会，承办各种展览的方式加强联系与沟通。四是利用互联网，广泛地宣传图书馆地方文献特色资源，赢得读者关注，畅通国内外合作渠道。

合作的范围可包括国内外图书馆、国际文化机构和团体、使领馆甚至外资企业等，在平等合作的基础上，实现跨国界、跨地区、跨民族、跨文化互动。同时，应积极参与对外文化交流工作，鼓励馆员通过图书馆文化交流和推广、图书展览和介绍等形式投身对外文化交流工作，展示和宣传中华文化的魅力，弘扬地方文化特色。在区域交流合作中，更是体现了地区图书馆的特殊优势，搭建了民间往来交流的平台。合作中不仅收获了区域发展的丰硕成果，而且积累了丰富的交流经验。从成功地举办国际学术会议到开展专题讲座和举办文化展览，图书馆都起到了桥梁、纽带的作用，拉近了国与国、地区与地区之间的距离。

图书馆的对外交流服务工作，已不仅局限于传统的以书为媒的间接服务，还要充分利用设施、馆藏文献等开展面对面的直接服务，通过丰富外文馆藏资源，以及用多样化的服务方式满足不同主体的需求，可以拓展图书馆的社会教育功能，增强辐射能力，扩大服务覆盖面，以使图书馆涉外服务的广度与深度得到延伸。在这个文化信息传播交流逐渐进入全球化的时代，通过研究图书馆在社会文化传播与交流中的地位，可让现代人们不断思考图书馆在未来所扮演的角色及应该担负的责任。从而从思想意识层面重视图书馆的文化建设，进而发挥其在国内外文化传播、交流活动中的关键作用，同时为社会经济、文化、教育及科技的发展提供必要的信息支持。图书馆应积极更新观念、创新管理模式、提升技术含量，主动参与国内外交流合作，为图书馆的自身发展乃至国际间图书馆的合作发展开拓广阔的空间。

一、中国之窗

“中国之窗”始于 2006 年，是国务院新闻办公室启动的赠书项目，利用国际上通行的馆际交流渠道，构建了以国家图书馆、科研院所图书馆和大学图书馆等在内的分层次对口赠书体系。作为“中国图书对外推广计划”（China Book International，CBI）的子项目，“中国之窗”主要内容是每年遴选介绍中国政治、经济、社会、历史、文化、科技的精品图书向国外知名图书馆赠送，并在有条件的图书馆设立“中国之窗”赠书专室或专架。“中国之窗”可以使海外读者了解一个真实客观的中国，有助于良好的国际舆论环境的营造。多年来，“中国之窗”项目已向 65 个国家和地区 180 多家图书馆赠送了 16 万余册图书，为外国读者阅读中国图书提供了便利，增进了他们对中国的了解，展示和树立了中国的形象。

二、映像西湖

自 2003 年成为国际图书馆协会联合会（简称“国际图联”，International Federation of Library Associations and Institutions，IFLA）成员馆后，杭州图书馆的发展就没有离开过“世界”这个舞台。2011 年，杭州图书馆“映像西湖”项目正式诞生，通过这个项目，在境外友好图书馆设立“映像西湖”图书典藏专区，并开展多元文化交流活动，把杭州地方文化和中国文化推介给世界，让更多的国际友人了解中国，了解杭州，了解杭州图书馆，也为杭州市民看世界打开一个新窗口。杭州图书馆以其开放、合作、共享的积极态度和理念，打开了越来越宽广的国际平台。

地方文献在促进地方经济社会建设和繁荣科学文化事业方面发挥了并将继续发挥重要的参考和咨询作用，有着其他一般文献不能取代的价值。随着数字图书馆的大力发展，一般文献可以在任意一个图书馆查阅，而地方文献因其特色势必成为一个公共图书馆馆藏亮点。所以，加大地方文献阅读推广服务的力度，将是全民阅读背景下公共图书馆的当务之急和重中之重。

第五讲

地方文献中人物资源的整合与阅读推广

广义的地方文献包括地方史料、地方人士著述和地方出版物三个部分；狭义的地方文献是以文献在内容上是否反映某一区域为确定地方文献的唯一标准[①]。在公共图书馆所藏地方文献中，有相当一部分就是地方人士的著述。地方人士著述也越来越受到各级图书馆的重视，尤其是地方文献中的名人资源，有着重要的学术研究和开发价值。不少图书馆专门设立了不用形态和类型的地方作者文库，取得了很好的效果。如何更好地利用地方名人文献资源开展阅读推广工作，也是新时期图书馆需要思考的问题。

第一节　地方人士著述

一、地方人士的概念

何谓“地方人士”？这是一个看似简单的概念，但过去图书馆界对“地方人士”的定义长期未达成共识，争议不断。依据目前学界比较流行的划分标准，主要有以下两种：一种是依据著述人的籍贯或出生地来确定，一种是依据著述人的工作所在地来确定[②]。简单而言，地方人士有指本地籍贯的人，或虽是外地籍贯但居住在本地的人，可进一步细分为四类人士：一是籍贯为本地且工作、居住在本地

① 刘子明．论地方文献的概念［J］．图书馆理论与实践，1991（03）：19–21.

② 乔好勤．“地方人士著述”是否地方文献［J］．中国图书馆学报，2008（06）：98–102.

者；二是籍贯为本地，工作、居住在外地者；三是籍贯为外地，长期工作居住在本地者；四是原籍外地，曾经客居本地者。

社会的不断发展，地方人士的内涵也随之拓展。由于在现代社会，人员迁徙较之过去更为频繁，这种变动带来种种变化。一是“籍贯”在逐步失去原有意义和作用。因为出生地是固定的，而户籍是可以变动的。因此，“籍贯”一词的内涵应随之扩大，除指祖籍之外，还应包括出生地。二是居住、工作在本地的部分外地籍人士又迁往外地，成为“曾”在本地工作、居住过的外地籍人士。在这部分人中，有的与本地区有过密切关系，在本地产生过较大影响或拥有较大知名度，他们的籍贯虽属外地，而且现已离开本地，但他们在本地区工作生活时留下的文献同样不能忽视，因而也应将其作为地方人士文献的采集对象。

随着人员流动愈发频繁广泛，第三、四类人士会越来越普遍，有关著述所占比例也会越来越大。所以仅仅以籍贯，特别是祖籍所在地来确定一个人是否为地方人士，从而确定其有关著述是否属于征集范围之内，失之偏颇，也势必造成纯粹本地区的人士越来越少，其著述的收集范围也会越来越窄，地方人士著述的收集工作也将日渐萎缩。因此，只要条件许可，以上四类人，他们的有关著述，应当可以全部纳入征集范围之内。

二、地方人士著述的价值

地方人士的著述，不论其内容是否具备地域特征，都可以直接或间接反映特定区域科学文化的发展水平，以及地方人物思想、活动的脉络，是地方文献不可或缺的部分。地方人士著述作为一种独具特色的地方文献资源，既有利于图书馆形成馆藏特色，又能够扩大图书馆的社会影响，提高图书馆的知名度。图书馆通过对地方人士著述的征集，可以构建独具特色的藏书体系。同时，地方人士著述真实、客观地反映了作者的思想、观点和学术水平，是研究地方人物及地域文化最真实的第一手材料，其作用和价值是其他任何文字材料无法替代的。

在繁杂的信息时代，图书馆也面临着巨大的挑战和生存危机。图书馆要想方设法，赢得口碑，证明自身的存在价值，就必须吸引更多读者使用图书馆，提供更多更优质的服务。图书馆要想提高社会影响，就必须服务有特色，而特色服务必须要以特色的馆藏为基础。图书馆通过长时间系统地大量搜集、整理、开发和利用地方人士著述，所形成的具有地方特色的文献资源，可以极大地凸显馆藏特色，为图书馆开展深层次服务提供文献支持，从而拓展图书馆的发展空间。

三、地方人士著述的征集与管理

（一）征集范围与内容

“地方人士著述”的提法，已将采集的内容限定在“著述”这一范围里。按照“著述”的含义，指地方人士的创作性文字，即根据本人的见解撰写的著作。从著述方式说，主要为地方人士“撰”“述”“写”的文字。根据地方人士著述的实际，能在一定程度上反映其思想和水平的译、编著作等，也当属地方人士著述的范围。所以，地方人士著述是地方人士撰写的专著、论著、译著、资料汇编，以及发表的文章、手稿、手迹、书画、摄影作品等。

地方人士著述种类繁多，类型多样，出版途径各异。地方作者不管成“名”与否，只要有作品，都在收藏之列。包括撰、注、辑、校、编、译、书、绘、摄、制等体式的作品，书刊资料、手稿、日记、笔记、照片、音像带、电子出版物等不论是否正式出版或发表，载体如何，都可采录。但地方作者撰写的以地方特征为内容的各类文献，则可以作为狭义的地方文献处理。

（二）名人资料的征集

在地方人士著述的采集中，一些图书馆是以本地名人为采集对象。地方名人是地方人士中的一部分，是某个领域有突出贡献或重大影响的、具有一定知名度的人物。但我们在收集地方人士著述时，不能以知名度作为取舍的标准。虽然著名人物在历史发展过程中，影响力更大，他们的著述相对更具史料价值、艺术价值或学术价值。但是，也有相当多具有价值的地方人士著述，并非完全出自知名人物。更何况普通人有朝一日也可能成为名人，若要等到一个人成名之后，才搜集其著述，那么其不知名时的著述往往因为时间的推移而难以搜集，这样势必影响专藏的系统性和完整性。

地方名人不仅是家乡的荣耀，也是专家学者们研究的重点，自然也就成为各级地方图书馆的收集重点。但需要特别指出的是，如果地方图书馆要为一个地方名人设立专门书库或书架，那么需要该地方名人的著述和研究资料具备一定的规模，这样才能保证文献资源的充实性。所以，公共图馆一方面应当广泛收集有关地方名人在各个时期的资料，另一方面，也应广泛收集他人撰写的有关该名人的著述或研究资料，这一点有别于普通地方人士著述的收集范围。

至于地方名人捐赠的藏书，它反映了收藏者的阅读兴趣和研究方向，从某些阅读的书籍留下的记录中也可以了解收藏者的思想，它属于地方名人资源的一种，但是这些文献既不属于地方人士的著述，也不属于地方文献。为了便于读者研究，有条件的图书馆应根据文献的体量，单独设专架或专库保管。

（三）征集方法

在地方文献搜集过程中，"地方人士著述"是最难把握的。因为，"地方出版物"可以从书的出版机构一目了然，同样，"地方资料"也比较容易从书的内容来判断。然而，"地方人士著述"除非是著名人物的著作，否则，很难从书中确定作者是否属某一地的地方人士，且地方人士著述文献类型多种多样，出版发表地点分散等特点导致全面采集地方人士著述难度大，需有行之有效的经验与方法。

地方人士著述的征集，是建立地方人士著述专藏工作的第一步，可通过新闻媒体和本馆网站、微信公众号等向社会各界宣传建立地方人士著述专藏的重大意义、征集文献范围和方法，扩大社会影响。通过各机关团体，新闻出版等机构了解地方人士著述情况，采取上门访求、信函征集、电话联系、委托征集、举办活动、召开座谈会等方式，争取各方的支持与帮助。为了保证征集工作持续有效地进行，作品征集后应及时向作者发放收藏证书，建立作者档案。经常与作者保持联系，如节日短信问候，寄赠礼物。在本馆网站醒目位置设立地方人士赠书书目通报专栏，宣传作者捐赠义举。

此外，图书馆应借助有关的方志、人物辞典、人名录、高校名录以及团体、学会名册等，建立一套比较完整、查检方便的地方人士档案检索系统，以便搜集"地方人士著述"时查核。此外，图书馆在搜集的步骤上，应在立足全面、系统的前提下，先"著名"后"一般"，先容易后困难，有重点、分阶段地进行。只要坚持不懈，持之以恒，随着时间的推移，地方人士著述的收藏将会日臻丰富。

地方人士著述征集工作是一项细致、繁杂的长期工作，由于著述者分散、著述形式多种多样，要想做好全面征集工作，就必须具有一定的人力、物力甚至财力的保证。而且随着作者数量越来越多，地方人士著述呈动态发展，因此，其征集工作需要采用持续不断的积累方式，建立体系完备的地方人士著述藏书体系和征集体系，同时，也需要图书馆地方文献征集人员长期不懈的努力。

（四）开发利用

图书馆对所征集的地方人士著作，不能仅仅停留在征集上。地方人士著述蕴含着极大的价值，图书馆不应把辛苦征集来的地方人士著述束之高阁。应当强化管理，有效利用，这里所说的管理主要包括整理收藏和开发利用。这才是征集工作的最终目的。

要全面揭示馆藏地方人士著作，就必须做好地方人士著作的目录组织工作。地方人士著述涵盖了各种文献类型，图书馆应针对这些文献的不同特点进行加工整理和收藏。首先，应编制出馆藏地方人士著作综合目录，还应编制专题目录索引。这类书目索引应根据当地实际情况，突出地方人物的特点，有针对性地编制。其次，建立地方人士著作特藏室或陈列室，更加突出馆藏特色，适应特定读者的需要，更好地服务于社会，便于宣传利用。再次，公共图书馆应充分利用网络和信息技术的天然优势，用图文并茂的形式，建立专门的网页和数据库，展示地方人士著作，便于读者通过互联网检索、查阅和下载，节约了读者的时间，也提高了文献的利用率，同时扩大地方人士著述的传播面和研究面。

第二节　地方人士专题文献资源建设

目前，许多图书馆根据自身特点，建立了地方人士著述专库，名称不一，类型多种多样，按不同标准有不同的划分方法。如果按作者类别划分，可分为名人型文库、综合型文库、专业型文库。考虑到目前图书馆地方作者文库建设的实际现状以及文献价值，本章将重点探讨名人文库的建设情况。

一、名人型文库

地方名人文库作为特色文献资源的一种，是图书馆依托自身的文献资源优势和地域文化特色，有选择性地对与某一名人相关的一切文献和文物进行搜集、整理、典藏、传播、开发和利用为目的的信息资源库。地方名人文库具有鲜明的地域特色及人文特色，反映出名人爱好、学术成就、社会贡献，以及学术界关于该名人的重点研究领域。鉴于名人效应对地方政治、经济、文化建设所起的重大作用，一些地方图书馆主动服务社会，积极开展对地方名人文献的收集、整理、开发工作，地方名人文库发展之势犹如雨后春笋。

（一）建设的意义

1. 推动名人研究

地方名人资源是一个地区特有的人文资源，是构成地域文化精髓的特质。近年来，鉴于名人效应在地方形象、招商引资、旅游推广等方面发挥着越来越重要的作用，地方名人逐渐成为学术界研究的重点和热点。名人文献作为传承文明、传播思想、积淀文化的载体，是宝贵的文化遗产和丰富的文化资源，有着很高的学术研究价值和参考价值，为我们从不同角度去深入了解和研究名人提供了依据。

2. 彰显地域文化

俗语说，“一方水土养育一方人”，本土的历史文化名人受本土人文地理的孕育影响，其自身的行为和作品展现着浓郁的地方特色，因此成为彰显地域性人文特色、民俗风情的有效载体。地方名人文库通过不断地收集和整理地方历史名人的文献资料，成为地方文化的浓缩体，体现着地方文化历史。

3. 形成特色馆藏

名人文库是对图书馆馆藏文献体系的补充，原有资源可以和名人资源相得益彰，形成全面和特色相结合的文献资源格局。名人的藏书、著作、手稿等文献乃至文物得到保藏，丰富了图书馆馆藏文献，提高了特色文献质量，彰显出图书馆的人文特色。特色馆藏的建设极大地拓展了图书馆的生存和发展空间，成为图书馆开展深层次服务的基础。

4. 发挥教育功能

名人的成就和品质具有激励人、教育人、感染人的人文功能。地方名人是一个地区中涌现出的代表性人物，是大众崇敬、膜拜、学习、追求的对象，他们的精神、思想、事迹影响着一批又一批人，是十分珍贵的文化教育资源。名人身上呈现出的引人注目、强化记忆、扩大影响的效果，或社会公众模仿名人的现象统称为名人效应。图书馆在履行社会教育职能中，如能借助名人效应，充分利用地方名人资源，教育效果就会更加真切和直观。

（二）国内名人文库建设的现状

特色馆藏是一个图书馆的独有资源，这些资源较其他资源更全面、更丰富。地方名人资源建设因能较好地体现出图书馆特色馆藏而成为各馆的“镇馆之宝”。当前，全国各地成立地方名人资料库的时间不同、名称不同、规模大小也不同。如湖南图书馆早在 1988 年就成立“湖南名人文库”，后更名为“湖南人物资料中心”，广泛收集海内外各界湘籍人士和在湘工作人士的著述成果、研究资料、艺术作品、个人藏书和其他相关资料。2001 年，湖南图书馆还开辟湖南人物参考阅览室，集人物著作的分类排架、人物资料的整理研究、课题成果的开发利用、人物图片的展览展示于一体，逐步建成湖南人物资料的收藏和研究中心。

国内其他图书馆也在名人文库建设方面进行了探索和实践。如国家图书馆的“近代名家手稿文库”、上海图书馆的“中国文化名人手稿室”、广东中山图书馆的“孙中山资料库”、浙江省图书馆的“中国名人图像数据库”、苏州图书馆的“苏州名人库”、宁波图书馆的“宁波名人数据库”、佛山市图书馆的“佛山历史名人数据库”等。

尽管如此，我国地方名人文库建设工作至今仍局限在部分省市。从有据可考的论文来看，我国地方名人文库研究主要集中在北京、天津、上海、浙江、广东、福建等东部发达省市[①]。而在我国中西部省市，地方名人文库建设及研究大大落后于东部地区。这主要是受当地经济水平和社会发展程度的制约。另外，地方名人文库目前已有研究多集中在名人数据库的建设上，在名人文库的实体建设、开发利用，及延伸服务上着力较少。

① 张书美，袁梁，黄群．近年来我国地方名人文库研究述评［J］．大众科技，2016，18（02）：144–147.

张书美、刘劲松研究了江西省名人文库建设情况。江西省现有 118 个各级公共图书馆（省、市、县级）和 108 个高等院校图书馆，两类图书馆合计 226 个。如今已建或在建的只有 11 个名人文库，只占江西图书馆总数的 4.86%[①]。而且文库资料收集整理存在问题，共享程度也不够。还有一些数据库可能出于版权问题和资源安全保护的考虑，只允许内部网络登录或需要密码登录，这极大地限制了资源的利用率，给读者和研究者造成了不便。另外，我国目前地方名人文库建设中存在重虚拟文库，忽视实体文库的现象。如江西省目前 11 个名人文库中，只有 3 家图书馆建设了名人实体文库，其余 8 个名人文库均以数据库形式出现。名人数据库具有建设成本相对低廉、检索传播功能良好等优势，但实物资料的收集是数据库建设和更新的基础。因此，图书馆界在重视地方名人数据库建设的同时，也应加强名人实体文库的建设及研究工作。

罗健文、曾晶晶为了解广东省对地方名人资源的建设情况，基于网络调查法分析了广东省 21 个地级市公共图书馆在地方名人资源建设方面的基本情况。其中有 13 个地级市公共图书馆都不同程度地进行了地方名人资源的开发和建设，占广东省地级市公共图书馆总数的近 62%，并且有 10 个图书馆允许馆外访问及浏览，这说明广东省大部分地级市公共图书馆比较重视地方名人资源的建设[②]。此外，部分地级市公共图书馆建设了多个地方名人数据库，如中山图书馆，说明个别图书馆非常重视名人资源的深度开发。

由上可见，广东省内公共图书馆在地方名人资源建设上取得了不错的成就，比如重视名人资源的建设和利用，加大名人资源的开发力度等。但名人资源建设地区发展不平衡，名人资源开发深度不够，后续更新维护不及时，及整合意识不强等问题仍然很严重。

（三）名人文库建设的未来趋势

在数字化时代，图书馆的服务已经由纸质资源服务转变为数字资源服务。图书馆应该将数字化资源建设作为名人资源建设的重点，对馆内已有的名人资源进

① 张书美，刘劲松. 地方名人文库建设研究——以江西省为例［J］. 情报探索，2016（05）：52–56，60.

② 罗健文，曾晶晶. 广东省地级市公共图书馆地方名人资源建设调查研究［J］. 图书馆学研究，2014（03）：24–27，23.

行优化整合、分类编辑，充分利用计算机丰富的检索功能，关联孤立资源，聚集松散资源，并且与其他图书馆进行资源共建共享，互通有无，逐渐形成内容完整、结构清晰的名人资源体系，让读者能够不受时间和空间的限制，获得与以往不同的阅读新体验。

在信息时代，各图书馆间“单打独斗”的名人文库建设方法已不符合社会发展的需求。图书馆间要分工合作，借助现代化的信息和网络技术，实现资源互补收集与利用共享，才是地方名人文库发展的必由之路。事实上，目前各图书馆对资源各自为政，检索界面互不相同，文献格式多种多样，以及开放程度不一致，是阻碍地方名人文库资源共建共享的主要问题。

建设地方名人文库要耗费大量的人力、物力及财力，靠图书馆一家单独建库必然会受到资金、技术、人才及资源等诸多方面的制约。因此，走联合建库之路是一个合理的选择。图书馆可以加强与高校、博物馆、档案馆、旅游局、方志办、党史办和其他研究机构的合作，整合名人资源，共同打造地方名人文库的显性价值，互联互通，共建共享，方能使名人资源建设得到规范化、有序化发展，为阅读推广工作提供更为详尽的名人素材。

地方名人文库建设不可能一劳永逸，只有不断地更新与扩充文库内容，才能实现可持续发展。随着现代信息技术的发展，许多尘封的名人文献相继被专业知识机构开发，给地方名人文库建设带来勃勃生机。此外，随着地方名人研究的深入，相关研究文献层出不穷。这些新成果都需要及时添加进名人文库，以便用户及时获得最新资讯。

（四）案例：荆楚名人著作馆的筹建历程

荆楚名人著作馆隶属湖北省荆州市荆州区图书馆（原江陵县图书馆），从一个小小的“江陵名人著作馆”伊始，到“荆楚名人著作馆”正式挂牌，走过了整整21年的漫漫长路。在艰难的环景下，几任馆长锲而不舍，广泛联系，终于将荆楚名人著作馆建成，而且还收藏了大量的镇馆之宝，在国内文化界和图书馆界产生了较大影响。该名人文库建设的典型案例可以给图书馆届带来一些有益的启示。

1987年11月，江陵县委宣传部领导赴上海登门拜访荆州籍名人王元化。王老谈起藏书过多、无处摆放的苦恼，他们遂建议王老将多余的书赠给家乡图书馆。

1991 年，王老如约将其珍藏的第一批、近 2000 册图书赠送给了江陵县图书馆。随后，江陵县图书馆又与分布在各地的荆州籍名人联系，欧阳山等人陆续将自己的著作和部分藏书寄赠给江陵县图书馆。以这些书为依托，1997 年，江陵县图书馆正式单独开辟了“江陵名人著作馆”。江陵撤县设荆州区后，荆州区委、区政府决定在区图书馆内以原“江陵名人著作馆”为基础筹建“荆楚名人著作馆”（图 5–1）。“荆楚名人著作馆”藏书综合大楼，由三厅、三部、一中心组成，即学术报告厅、多功能展览厅、文献资料查询阅览厅、荆楚名人著作收藏部、荆楚地方文献资料收藏部、荆楚新人新作收藏部、文献资料检索中心。荆楚名人著作馆筹建工作领导小组聘请欧阳山、王元化、曹禺等荆州籍名人担任顾问。

图 5–1　荆楚名人著作馆

为了进一步充实荆楚名人著作馆的馆藏，荆楚名人著作馆筹建小组与分布在全国各地的荆州籍名人联系，表达家乡图书馆收藏他们著作的愿望。在这一时期获赠的文献珍藏中，有不少是传世孤品。例如王元化教授捐赠的物品中就有王元化本人两部著作手稿，还有巴金、曹禺、王蒙、艾青、朱光潜、李泽厚、余秋雨、张岱年、夏衍、袁雪芬、王安忆、张抗抗等 600 多位社会各界名流赠送给他的签名本著作。然而，由于经费落实不到位等原因，荆楚名人著作馆的筹建无奈搁浅。那些寄托了大师们故园情怀的藏书回到荆州之后，因无法展出，不得不束之高阁，尘封在库房里，与捐赠者的意愿相差甚远。

虽然荆楚名人著作馆建设遇到困难，但图书馆与名人的联系和赠书没有间断。

2007 年，杨阿妹担任荆州区图书馆馆长，她将荆楚名人著作馆的发展作为工作重心，使荆楚名人著作馆迎来了新的转机。在杨馆长等人的努力下，欧阳山的女儿答应将大部分资料捐赠给荆州区图书馆，这些捐赠品包括欧阳山著作、照片、手稿、手迹、个人录音录像、生前遗物、作家馈赠书籍及其他藏书，毛泽东主席、鲁迅先生致欧阳山亲笔信等。这些珍品，为荆楚名人著作馆馆藏建设添上了浓墨重彩的一笔。

2008 年，荆州区隆重举办荆楚名人著作馆揭牌仪式。经过多年的发展，截至 2016 年 9 月，荆楚名人著作馆已入藏荆楚当代名人王元化、欧阳山等捐赠的著作或藏书 15000 余册，各类奖证、实物 11300 册（份），名人贺卡 2331 份，证书、聘书 58 份，手稿 162 份，其他 122 件。图书馆还开辟了欧阳山、王元化等荆州籍名人捐赠珍品存列专室。

二、综合型文库

随着社会经济的发展，在出版印刷业的推动下，地方人士著述急剧增长。这些内容与地方不相关的文献与狭义的地方文献藏在一起，不利于地方文献的管理与利用。图书馆有必要将地方作者的著述从地方文献中分离出来，专门建立地方作者文献专库，使其各司其职。

在地方作者文献中，其作者绝大部分是当代人士。当人的思想一旦成为文字符号，并出版成册后，人们都希望自己的成果能够与人分享，受到关注，还希望能长期保存，服务社会。因此，他们有存放在图书馆的主观意愿。作者对自己作品的珍爱，为建库提供了文献保证。

目前，许多图书馆都建立了“名人”文库，以“名人”命名，有研究者曾提出异议：其一，“名人”如何界定，现在不是名人，将来是否成“名”：其二，“名不符实”，收集的文献中，作者大多并未成名，作品也非名篇名作[①]。“作者”是文章或著作的写作者，艺术作品的创作者。以“作者”命名，地方作者的作品都在收藏之列，收藏范围最大，也比较明确，不会产生歧义。这类文库收集地方人物著述力求全面广泛，为宣传需要，也并不回避名人的特殊影响力。目前国内地市

① 彭端阳 . 关于地方名人文献、藏书及排列方法刍议［J］. 图书馆，1998(02)：44–46.

级公共图书馆中在这个领域卓有成效的当属“常州人著作馆”与“义乌籍人士著作陈列馆”。

（一）常州人著作馆

常州是一座历史悠久的江南文化名城，自古重文兴教，学风昌盛，人文荟萃，著述浩繁。常州图书馆是国内为数不多的具有百年历史的公共图书馆，在文献收藏和保护方面一直有着优良的传统和宝贵的经验。在江苏省的公共图书馆中，常州图书馆较早开展了地方人物著述专题馆建设。

为了展示各代常州人的风采，凸现地方特色文化，从 2006 年 10 月开始，常州图书馆通过互联网发布《关于征集常州人著作的通知》，向海内外各界广泛征集常州人著作。2007 年 4 月，常州人著作馆正式成立。常州人著作馆分为两个部分。一为名人馆，该馆集中展示了馆藏中精心挑选的从古至今部分常州名人著作。古代部分展出了包括南朝梁萧统编纂的《文选》、李伯元的小说《官场现形记》等 12 位古代常州名人的著作。近现代部分展出了包括常州三杰瞿秋白、张太雷、恽代英以及历史学家吕思勉、“现代汉语言学之父”赵元任、数学家华罗庚等名人的著作。一为普通馆，该馆展出了 300 多位常州籍作者近 2000 册著作。

常州人著作馆自成立以来，受到社会各界的广泛关注，成为常州市青少年爱国主义教育的主阵地之一，经常有学校组织学生前来参观学习，该馆还极大地方便了市民及研究人员的阅览和利用。有许多侨居海外的常州人利用回乡探亲之际前来著作馆参观学习，有的发现了先辈和家族人员的著作，异常惊喜，表示今后要推荐更多的海外常州人前来学习、参观和赠书。著作馆起到了传承文明、宣传名人、聚宗睦族的作用。该馆的成立提升了常州图书馆的社会地位，扩大了社会影响力。常州人著作馆的开放标志着常州市图书馆的藏书建设又迈入了一个新时期。

（二）义乌籍人士著作陈列馆

义乌籍人士著作陈列馆，是义乌图书馆的一大特色。义乌图书馆收集义乌籍人士著作，最早可以追溯到 1986 年，并单独列出一室。1992 年正式命名为“义乌籍人士著作陈列馆”（图 5–2）。

图 5-2　义乌籍人士著作陈列馆

如今的义乌籍人士著作陈列馆，占地 300 余平方米，是一座“馆中馆”。按照功能分区，陈列馆又分为虚拟主持人解说、电子翻书系统、信息查询系统、著作者介绍墙和著作陈列墙、骆宾王雕像主题台、古代名著展示柜、义乌籍书画家展示墙等 10 个区块。整个馆以现代先进设计理念和高科技多媒体手段，真实、艺术地展现了义乌的人文风采，既是国内具有独特设计的陈列展示馆，也是广大读者尤其是市民的开放式大书房。

截至 2018 年，义乌籍人士著作陈列馆共收藏 576 人的著作 2493 种，4500 余册，论文 400 余篇，照片 200 张，重要名人的手迹文稿原件 60 余幅。义乌图书馆新馆力争成为骆宾王、冯雪峰、吴晗等义乌名人的文献集聚中心和研究中心。义乌籍人士著作陈列馆是国内为数不多的专门展览本地区人士著作的独特的定向陈列馆。该馆既采集了许多古代义乌籍人士有关史书列传等珍贵资料，也陈列着许多近现代义乌籍“大家”的著作。义乌籍人士著作陈列馆是一个展现义乌人文风采的窗口。陈列馆不仅可以长久地保存义乌籍人士的著作，其内含大量义乌本地的地方性资料，非常珍贵，这些文化遗产，还可以启迪孩子，教育后人。陈列馆也被义乌图书馆打造成义乌爱国主义教育基地和著书立说的示范基地。

三、专业型文库

相对于名人文库突出“名人”，综合性文库强调“全面”，也有一些图书馆为突出地方特色，建立了某些职业或专业类别的地方人士著作库。此类文库因为搜集范围的限制，更加偏重于专业性和特色性，是图书馆探索作者文库建设之路的不同尝试。

中国人民政治协商会议作为重要的政治组织，汇聚了各方面的精英人才，素有“专家群”“智囊团”之称。很多政协委员在国内外各自的学科领域出版了数目可观的科研成果，许多调研、建议、提案已纳入地区的经济建设规划和发展中，这是一笔宝贵的文化财富。为了让其发挥其更大的作用，并留传于世，供全社会和后人享用，早在1999年，长春市政协文史委员会和长春图书馆共同策划了建立“长春市政协委员著作馆”的活动，主要收集长春市历届政协委员的科研成果，包括：出版的著作、提案、手稿、科研报告、社会调研报告、发表于报刊的论文、文章、照片、音像制品、光盘、政协会议文献、政协委员个人的相关信息资料等。为充分发挥“著作馆”的作用，长春图书馆还建立了政协委员数据库。

而在江西省景德镇市，千年瓷都创造了美不胜收的陶瓷精品，也缔造了源远流长的陶瓷文化，有关陶瓷文化的专著、文集、图录、期刊、文稿以及声像资料层出不穷。为了给该市乃至全国的陶瓷产业提供强大的文献保障服务和智力支持，也为了使不断问世的各类陶瓷著作得以长久保存和流传，景德镇市图书馆于2012年开始为该市打造一所具有本地特色的陶瓷文献图书馆。随后陶瓷文献图书馆又专门设立了一个景德镇陶瓷名人著作专柜，用于收藏全市知名陶瓷大师、专家学者的个人著作，是地方特色与地方名人文献相结合的典型例子。

位于西部的宁夏回族自治区中卫市图书馆，则把目光投向了本土作家。2016年，中卫市图书馆广泛宣传、发动各单位、社会各界人士，征集中卫籍作家著作1000余册，涉及中卫籍作家60余人。中卫市图书馆开辟了专门的阅读室并制作书架书柜等设施设备。同时，为了使中卫作家著作馆达到很好的宣传效果，适应“互联网+”的大背景下人们获取信息的多途径需求，图书馆还开发了云端线上中卫作家著作馆。中卫市作家著作馆丰富了中卫市图书馆的馆藏藏量，形成了图书馆的特色资源和亮点阅览组室；让更多市民了解中卫，了解家乡文化，成为中卫文化元素的重要标志和载体，对挖掘和传承本土文化具有十分重要的意义。

作者文库专题化是图书馆开展深层次信息服务的重要内容，上文简要概述了目前地方作者文库的三种类型。不管因地制宜选择哪一种文库进行建设，都是一项长期、艰巨的系统工程，图书馆必须制定长远的规划方案和阶段性任务目标，有计划、有步骤地进行科学建设，对文库不断充实、更新、维护和完善，整合区域资源，打造特色品牌。

第三节　地方名人文献资源与阅读推广

人是历史的主体，历史是由人创造的。因此地方人物，尤其是地方名人对于地区文明和文化的贡献不言而喻，它是一个地区文明和文化的标志。围绕地方名人所产生的资源也是历史和文化发展的结晶。由于作者或文献内容的地域属性，地方名人文献资源大都具有地域特色，是当地文化史或学术史的有机组成部分，有着重要的学术研究和参考价值。充分挖掘地方名人文献资源，以名人效应带动阅读推广，是拓宽阅读推广方式的新思路。

一、地方名人文献资源的发掘

进行地方名人文献资源发掘，首先要确定地方名人的范围。由于名人的认定带有一定主观性，所以目前学术界对“地方名人”的界定尚没有明确的定义和统一的标准，给地方名人资源的利用带来了困难和混乱。

“地方名人”首先应包含“地方”与“名人”两个概念。“地方”一词前文已做过详细的讨论。以“绍兴名人”为例，狭义的绍兴名人，指籍贯为绍兴的名人，即绍籍名人，广义的“绍兴名人”，除绍籍名人外，还应包括长期工作、生活在绍兴的外地名人，也即新绍兴人。

“名人”，一般指有声名地位的人，具体是在某一领域知名度较高、有过重大贡献、颇具社会影响的知名人物。“名人”是一个相对概念，可分为国际知名、国内知名、行业知名、本地知名等。地方名人指在当地各个历史时期业绩突出、知名度高、对社会发展起较大作用、在历史上留下自己名字的人物。各图书馆可根据自身情况和条件，确定建设对象。具体的名人线索搜集办法包括查阅相关的人物辞书、传记、其他各类工具书、地方志中的人物部分，重要的地方报刊及互联网等。也可在用上述方法搜集名人线索后，采用专家及大众评选的方式推选出大家公认的名人。一些规模较小的图书馆，要发掘自身的地域特色、学科特色，制定适合自身的名人标准。在确定名人时，有前瞻性，对于目前知名度不高，但有较大发展潜力的中青年作者的作品要提前搜集。

地方名人资源指地方名人一切可被开发和利用的客观存在。地方名人资源有传承性、分享性、稀缺性、独特性、多样性等诸多特点。这些具有特质和魅力的名人，为地方留下了泽被后世的物质和精神财富。可利用的名人资源多种多样，有精神层面，比如伟大的思想、光辉事迹、专业才能、优秀品格等；有物质层面，如名人故居，名人遗迹等。就图书馆的工作而言，名人资源主要是名人文献资源。地方名人文献资源指当地名人作品及与名人相关的资料等。如名人著作、名人日记、名人家谱、名人手稿、名人传记等。它是地方文化财富中的精华，是地方经济文化“软实力”的重要象征。

二、地方名人文献资源在阅读推广中的应用

（一）地方名人著述展览与捐赠

地方名人著述展览是利用陈列的直观形式，展示宣传地方文化成果，推介地方名人和图书文献的方法。图书馆地方名人著述展览在进行爱国主义教育、乡土教育等方面发挥重要作用，有利于图书馆塑造服务品牌，宣传图书馆，扩大影响，提升图书馆的文化品位。例如，泰州市图书馆在所征集的地方文献的基础上，从1999年开始，每年将一部分地方文献制作展牌，并与实物一起在图书馆大厅内布置“当代泰州地方人士著述展”，展览形式多样、灵活、开放。从短期展到长年展，从阵地展到巡回展，从传统展到网络展，该展览现已成为这家图书馆的服务品牌与服务特色①。这一活动使得图书馆的社会教育和阅读推广职能进一步加

① 徐进.弘扬地方文化提升图书馆品质——泰州市图书馆举办地方人士著述展牌展览八年来的实践［J］.新世纪图书馆，2007（03）：87–89.

强；扩大了宣传，使地方文献收集成倍增长，另外也促使不少读者纷纷走进图书馆，进行学习与研究，地方文献的利用率也得到提高。无独有偶，南宁市图书馆自 2007 年以来，每年都举办一届“南宁人著作展”，展现具有一定影响力的本土社会各界名家的作品，深受广大读者青睐，在社会上也引起不错反响。读者通过观展可以充分感受到南宁本土文化的发展现状，以及南宁人在各个领域所取得的成就。

除此之外，越来越多的创作者及收藏者愿意将所藏文献捐赠给公共图书馆。这是一个双赢的局面。在所有的捐赠中，名人捐赠尤其引人注目。不仅因为名人作品及收藏通常具有较高的收藏价值，而且名人具有一定的社会影响力，其捐赠更容易引起社会关注，形成带动效应。因此，各公共图书馆都很重视名人捐赠，通常会采取各种方式方法宣传推广名人捐赠，常见的有举办捐赠仪式，策划名人捐赠展览（含网上电子展览），为名人捐赠文献设置阅览室或专柜，邀请新闻媒体予以报道等。

（二）地方名人图书馆的创建与利用

地方名人图书馆，主要功能是搜集和整理某位名人的资料。其建立目的一方面旨在为名人研究提供便利，另一方面借助地方名人的知名度来吸引读者，提升图书馆的影响力。地方名人图书馆不仅可以与公共图书馆原有功能形成互补，有些甚至可以成为教育基地、旅游景点，从而实现阅读推广方式的多元化。

台州市图书馆设立叶文玲文学馆，专设了专题展览室、音像视频资料室和献资源电子全文数据库查询中心，旨在收集、保存、整理叶文玲文献资料、手稿和生平事迹资料，供研究参考之用。一方面，图书馆将叶文玲的资料系统化地珍藏于文学馆内，避免了珍贵资料的损毁、流散，发挥其应有的价值。另一方面，借助名人效应，图书馆把最鲜活的文化和读书理念传递给广大读者，成为了真正的文化凝聚地和教育场所。叶文玲文学馆利用图书馆特色馆藏资源以及馆舍空间，开展了丰富的图片展、讲座、理论研讨会等文艺、学术交流活动，包括作品展览、专题讲座、理论研讨会等。叶文玲文学馆每年开展各和图片展览，定期举行讲座。开展全民阅读活动，以专柜的形式，主推叶文玲的著作，提升借阅量，营造了浓厚的全民阅读氛围。图书馆还利用特色资源，先后开展了“我眼中的文玲”等多种纪念活动，面向广大读者征集对叶文玲作品读后感，编辑《叶文玲读后点滴》等纸质出版物。至此，叶文玲文学馆的附属功能得到了最大化的体现，集参观、展览、讲座等功能于一体，同时也使得图书馆的功能扩大化。

（三）地方文献中名人事迹的挖掘与整理

“速读”或“快餐文化”是当前阅读主流之一，人们的阅读意识弱化，阅读时间缩短，因此以“读书和读什么书”为主题的阅读推广成为很多图书馆的重点工作之一。很多地方名人的成长或多或少都与读书有一定关联，图书馆可以将他们的阅读历程和阅读方式整理成阅读推广的重点案例加以推广，在开展阅读推广工作时，完全可以利用这些地方文献中的名人事迹来引导读者，让他们对阅读充满兴趣，充满信心。使用地方名人事迹的宣传手段也不少，图书馆可以采取视频播放或网站专栏等多种方式进行，力求案例生动具体，人物形象丰满鲜活，让听到、看到这些地方名人事迹的读者受到激励和鼓舞，进而喜欢上阅读。

此外，图书馆还可以充分挖掘和利用地区的历史人物、本地伟人和民族英雄的事迹等开展主题阅读活动,激发读者热爱家乡的情感。在名人遗迹丰富的地区，还可为读者举办“走读活动”，将纸质阅读与实地参观有机结合起来。比如名人故居作为历史名人生活、居住的地方，不仅仅是实实在在的物质文化遗产，其背后承载着历史的记忆，是丰富的精神文化资源。带领读者参观名人故居、名人遗迹，体验名人遗留下来的文化遗产是非常重要和有意义的。这样的阅读推广方式是一种创新，增强了地方文化对读者，尤其是青少年读者的吸引力。

第六讲 地方史志与阅读推广

第一节 地方史志概述

地方史志，主要分为地方史和地方志两部分。这两者是既有联系又有区别的。地方史是指一个地方的历史。地方志，也简称“方志”，是一个地方各方面情况的记载，“它汇聚一个地区从古代到现代，从自然到社会的所有方面的资料，分门别类地记录下来。一志在手，这个地区的山川、风物、史迹、人物全都历历在目。”[①]

谭其骧先生曾经特意撰文说明其中的联系与区别。他认为：其一，地方史主要是记述一个地区的过去，志主要是记载现状，虽然有时要追溯过去，但以现状为主。其二，史主要是记述一个地方人类社会的活动，只有这一时期自然界发生的重大变化（如地震、水灾、旱灾）才会提及；志则不然，至少应该自然与社会双方并重；在记录社会条件的方法上，二者也有区别，史以大事为主要线索，体裁接近记事本末体，志则是分门别类的记载，属于书志体。其三，史的记载主要依靠史料，辅以考古调查、发掘和采访；地方志以现状为主，主要依靠调查。从研究者的区别来看，地方史，一般来说史学工作者可以担负起来，地方志需要有经济学者、社会学者、史学工作者，自然方面主要靠地学工作者[②]。

① 周迅．中国的地方志［M］．北京：中国国际广播出版社，2010：2.

② 谭其骧．地方史志不能偏废 旧志资料不可轻信［J］．中国地方史志，1981（5、6 期合刊）。转引自：林衍经．方志求是集［M］．南宁：广西人民出版社，1989：127.

国家图书馆原地方志家谱文献中心主任周迅先生著有《中国的地方志》一书，用科普性质的语言，通俗易懂地介绍了中国的地方志，归纳了地方志的四个特点："地区性""综合性""资料性""连续性"。

"睹乔木而思故家，考文献而爱旧邦"。随着城市化、现代化建设步伐的加快，人们的乡土意识也开始觉醒。这种觉醒表现为地方志的编纂、家谱的重修、地方文献杂志与读物的层出不穷。地方作家，一般是各地作家协会的成员，其作品也往往是结合自己本地的经验创作而成。因此，对图书馆特别是公共图书馆来说，地方文献读物的阅读推广，是非常必要和值得做好的一件事。

国学大师钱穆在其名著《国史大纲》开篇即指出："读本书请先具下列诸信念：一、当信任何一国之国民，尤其是自称知识在水平线以上之国民，对其本国已往历史，应该略有所知。二、所谓对其本国已往历史略有所知者，尤必附随一种对其本国以往历史之温情与敬意。三、所谓对其本国已往历史有一种温情与敬意，至少不会对其本国已往历史抱一种偏激的虚无主义，亦至少不会感到现在我们是站在已往历史最高之顶点……"①

这种家国情怀和对历史文化的热爱，正是我们图书馆员在做地方文献阅读推广工作时最应该具备的。

钱穆先生是从一国历史文化的角度来进行评断的。那么，具体到一个省、一个市、一个县，乃至一个乡镇、一个村落，我们也应该对自身所处的这个地方具有一种"温情与敬意"，对生养自己的这片土地具有一种与生俱来的感情。做为一名图书馆员，对自己所在的省、市、县，乃至乡镇，若能悉心留意地方文献，及时通过各种途径予以绍介，久而久之，必能加强对该地文献的了解与熟悉程度，甚或至于烂熟于胸之程度，则地方文献专家养成矣。因此，做好地方文献与乡土文化读物的阅读推广工作，不但是我们每位图书馆员义不容辞的责任，同时也是我们提升自身实力、做出工作业绩、做出研究成果的极佳方式。

① 钱穆．国史大纲［M］．北京：商务印书馆，1996：1.

第二节　地方史志的阅读推广

一、地方史志的整理出版

目前，国内开展地方史志的阅读推广工作，大多是由市、县级公共图书馆承担的。有些对于收藏地方文献意识比较强的高校也开设了地方文献室，例如河南师范大学图书馆设立了“新乡地方文献整理中心”，嘉兴学院设立了“嘉兴地方文献室”等。图书馆收藏地方史志的同时，也面临地方史志的阅读推广问题。

要想做好地方史志的阅读推广工作，首先需要做好地方史志的整理出版工作，否则将会是“巧妇难为无米之炊”。我们知道，除近二三十年新修的地方史志之外，历朝历代修的府志、县志、镇志等，时间久远，大多保藏于各市县图书馆的古籍地方文献部门，或者博物馆、档案馆等收藏机构，也有一小部分由私人藏家收藏，利用起来并不方便。所以，地方史志的整理出版工作，就是非常有必要的了。

地方史志的整理出版，大体上可以分为三类。一类是原样影印出版，如《广州大典》；第二类是点校整理出版，如《绍兴丛书》《温州文献丛书》；第三类是二者兼而有之，如《浙江文丛》。

（一）广州大典

《广州大典》是由中共广州市委宣传部、广东省文化厅策划并组织研究编纂，旨在系统搜集整理和抢救保护广州文献典籍、传播广州历史文化的大型地方文献丛书。广州是拥有2200多年建城史的历史文化名城，大量珍贵的地方文献翔实地反映广州历史的变迁和发展。由于年代久远，经蠹鱼蛀蚀，自然风化，兵燹摧残，古籍老化破损严重，再生性保护刻不容缓。为及时抢救和保护现有的珍贵历史文献资源，中共广州市委宣传部、广东省文化厅于2005年牵头组织开展《广州大典》的编纂出版工作。时任文化部副部长周和平对这一工作给予高度评价：“由地方政府出巨资，地方文化部门主持编纂的大型文献丛书，在全国尚属首创。《广州大典》树立了一个良好的榜样，值得倡导。”《广州大典》被列为广州市“十一五”“十二五”时期的重点文化工程，2007 年被全国古籍整理出版规划领导小组评定为支持项目。2013 年，已出版的《广州大典 · 丛部》荣获首届南粤出版奖。该丛书的编纂历经十年坚守，于 2015 年 4 月完成出版工作[①]。

《广州大典》依经、史、子、集、丛五部分类，其中丛部酌收兼赅四部之丛书，专科性丛书俱入所属部类。《广州大典》收录 4064 种文献，编成 520 册。其中，《经部》收录文献 375 种，分为 56 册；《史部》收录文献 1178 种，分为 197 册；《子部》收录文献 747 种，分为 62 册；《集部》收录文献 832 种，分为 103 册；《丛部》收录文献 932 种，分为 102 册。

《广州大典》收录底本来自国内 55 家、国外 14 家藏书单位以及 6 位私人藏书家，其中，广东省立中山图书馆 2791 种，中山大学图书馆 352 种。珍本善本等稀见文献众多，收有稿抄本 462 种，清乾隆以前刻本 357 种。《广州大典》采用国际大 16 开本，每册约 850 页，印 500 套。每页四合一拼版，保留了古籍原来的版式和内容。天然丝封面，精装。内页选用特别定制的纯棉纸，并使用水印技术，每页均有“广州大典”字样水印。封面“广州大典”四字集自湖北睡虎地出土的秦简。

（二）绍兴丛书

《绍兴丛书》是由绍兴县级政府出资编纂的乡邦文献丛书（图 6–1）。这一投资上千万元的文化学术工程被列入国家古籍整理出版“十一五”重点规划。一个县级古籍整理出版项目列入国家出版重点规划，这在全国也是第一次。这一浩繁的古籍整理出版工程所依托的是浙江绍兴深厚的文化底蕴和悠远的历史文脉。

由绍兴县政府、国家图书馆、中华书局三方共同成立了《绍兴丛书》工作指导委员会和编辑委员会，同时聘请全国史学界和地方文献研究方面的专家组成学术委员会，对《绍兴丛书》进行整体规划和设计。2005 年，这一卷帙浩繁的巨型学术文化工程开始启动，并被列入国家古籍整理出版“十一五”重点规划。

目前，《绍兴丛书》已由中华书局推出三辑，面向国内外读者发行。第一辑收录绍兴从宋代至民国的地方志 18 种，包括《嘉泰会稽志》《宝庆会稽续志》

---

① 广州大典简介［EB/OL］.［2018–05–06］. http：//gzdd.gzlib.gov.cn/HRCanton/Introduct/Introduct.

《(万历)绍兴府志》《(康熙)绍兴府志》《(乾隆)绍兴府志》《(乾隆)绍兴府志校记》《绍兴府修志资料》《(万历)会稽县志》《(康熙)会稽县志》《(道光)会稽县志稿》《(嘉靖)山阴县志》《(康熙)山阴县志》《(嘉庆)山阴县志》《山阴县志校记》《绍兴县志采访稿》《绍兴县志资料》《螭阳志》《绍兴地志述略》。上述方志汇集了国家图书馆、上海图书馆、浙江图书馆、中国科学院国家科学图书馆、中国人民大学图书馆、天津图书馆等图书馆的珍贵收藏，是迄今为止绍兴地方志最为集中的汇编，为研究绍兴方志史和绍兴地方史提供了极大的便利。

图 6–1　绍兴丛书（来源：绍兴图书馆夏飞凤提供）

2010 年，中华书局出版了《绍兴丛书第二辑 · 史迹汇纂》，本辑收书 150 余种，涉及历史、地理、人物、语言、风俗、教育、文化等诸多方面，全部影印出版，全书约 10000 页，对研究绍兴的历史文化有重要作用。

2017 年 11 月，《绍兴丛书第三辑 · 先贤文存第一编》正式由中华书局出版。该辑重点收录了绍兴籍名人先贤具有代表性的经典著述。著述选择现存精善版本，进行编排影印，每书前附提要或叙录进行说明。本辑全书共 5 册，约

13000页。

（三）温州文献丛书

2007年3月，《温州文献丛书》四辑40部48册全部问世。整套丛书系统梳理了宋代以来温州乡哲代表性文献，古籍整理出版工程历时5年9个月。2001年7月，温州市人民政府投入200万元，成立《温州文献丛书》整理出版委员会，系统抢救整理一批有价值、有影响的温州地方文献，并从2002年起将丛书整理出版任务列入温州市委市政府年度重要工作责任制考核范围。在温州市政府办公室、文化局、财政局、图书馆、博物馆、档案馆等相关部门和单位多方面共同努力下，由温州市历史学者胡珠生担任主编，组织41位学术工作者耗时5年精心编撰整理，其中绝大部分著作由温州市学人单独完成。该丛书由上海社会科学出版社出版。《温州文献丛书》共四辑40部48册2000万字，涉及文化、历史、政治、经济、科技、医学、军事诸多领域，系统整理了上起北宋时期的周行己、刘安节、刘安上、许景衡，下至中华人民共和国成立前后王理孚、刘景晨、孙延钊、梅冷生等温州先贤遗留文献，时间跨度近千年。丛书以点校、校注（校释）、校笺、校补、汇编等方式进行整理，在抢救挖掘稿本、抄本、孤本的同时，收录了大量文集及零散资料，是温州市迄今为止最为完整、准确并具权威性的历史文献总汇。据丛书整理出版委员会专职委员卢礼阳介绍，近代温州先后进行四次较大规模的整理刊印工作，文献丛书出版使诸多珍贵善本甚至孤本得以流传保存，目前丛书除在上海、北京、广州、福州等十几个大中城市销售之外，还通过中国国际图书贸易总公司远销美、德、韩、日等国，为海内外学术文化界了解、研究温州历史文化提供了一套比较翔实、权威的文献资料①。

（四）浙江文丛

2017年3月10日，历时7年多，浙江省重点文化建设工程，浙江出版联合集团、浙江古籍出版社实施的“浙江文丛”项目（图6–2），500册文化名家著作出齐面市，集结浙江历代思想精华之大成。这是新中国成立以来浙江规模最大的出版工程之一，是浙江历代文献经典的第一次全面整理出版，也是浙江人文历史的第一

① 黄之宏，王妍．梳理先贤文献 珍藏东瓯历史：《温州文献丛书》历时5年40部出齐［N］．温州日报2007–03–26（03）．

部百科全书。

“浙江文丛”是一项由浙江省政府主导编纂，由浙江古籍出版社组织实施的重大出版工程，是一套以整理出版浙江文献为主，对浙江人物、浙江历史、浙江风物等进行广泛发掘、深入研究，以供世人全面了解浙江文化，深入认识浙江的大型丛书。丛书的编纂以文献典籍为主，兼顾物质和非物质文化；以古籍整理为主，兼顾今人研究。丛书均围绕浙江文化这个主题展开，形成一个有机的统一体，具有浓郁的浙江地域文化特色和明确的地域涵盖性，以及丰富的学科包容性，开放的古今适用性，充满浓郁的学术文化气息。丛书所收，主要为浙籍人士著作和关于浙江历史文化的作品，同时酌收历代寓浙人物在浙作品。在广泛的文献海洋中，编选者特别注意选目的经典性和各学科的代表性，除了较为普及的文史哲类图书，对于如《吴中水利全书》这样具有现代学术意义的水利、经济、政治类典籍也重点关注。所收作品成书年代，下限断至1919年，同时酌收出版于1919年以后但成稿于1919年的作品。

图 6–2　浙江文丛

文丛中所收文献，以点校后排印或据原本影印两种方式出版。对文献的整理，只据底本与参校本、参校资料等进行校勘标点，对底本文字的讹、夺、衍、倒作正、补、删、乙，有需要说明的问题，则作出校记，一般不作注释。每种图书，在不与本文丛编纂总则冲突的情况下，可以根据本著作实际情况，另行制定整理凡例。民国文献中的用语、数字、标点等，除特殊情况外，一般不作改动。

（五）湖湘文库

湖南省《湖湘文库》出版工程在2006年正式启动。2017年，经过11年的辛勤工作，这项近4亿字的浩大出版工程宣告全面完成（图6–3）。《湖湘文库》全套丛书共702册，分甲乙两编。其规模之宏大、规划之完整、实施之严密，令人瞩目。从帛书简牍，到屈贾辞章；从大儒集钞，到通史传记；从书画雕刻，到

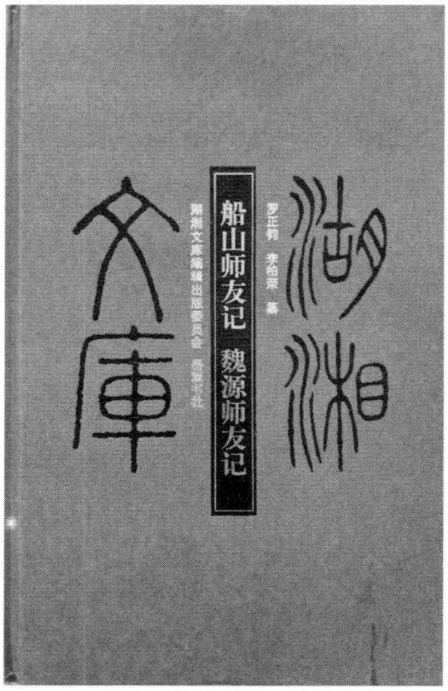

图 6–3　湖湘文库

方言楹联，尽显湖湘文化魅力。此外，为了让更多人享受文化大餐，《湖湘文库》编辑出版委员会决定推出数字版，《湖湘文库》由传统出版进入了数字出版新时代。

与以上这些大部头的地方文献史志整理相比，更简便易行的是陆续整理出版一些当地的旧志。如嘉兴市地方志办公室于 2010 年点校整理出版了《至元嘉禾志》，2013 年点校整理出版了《万历嘉兴府志》，2016 年嘉兴市图书馆影印出版了《光绪嘉兴府志》。此外，2012 年绍兴市地方志办公室李能成点校整理出版了《万历绍兴府志点校本》。这些都为图书馆员从事地方史志的阅读推广工作打下了良好的基础。

地方大型出版项目社会效益高，这类地方文献、文丛通常具备着资政、励志和存史的作用。在推动地方建设，引发人们热爱家乡的自豪感，为修志、编写年鉴、地方百科全书提供历史资料，为从事相关专业的研究人员提供系统资料等方面都具有很高的价值。无论是省级的《浙江文丛》《中原文化大典》《山东文献集成》《关学文库》《巴渝文库》，还是市县级的《广州大典》《温州文献丛书》《无锡文库》《衢州文献集成》《宁海文献丛书》《剑邑文库》，等等，不少省市都进行了此类地方大型出版项目的开发。在兼顾社会效益的同时，不少地方大型出版项目还赢得了市场的肯定。耗时长、投入大是修订和出版这些重大文化工程时的普遍特征。经过 8 年编纂出版的《关学文库》、经过 11 个春秋编纂成书 702 册的《湖湘文库》、耗时 7 年完成第一批共 500 册的《浙江文丛》，这些地方大型出版项目动辄就需要花费数年，耗时费力。

二、地方史志的阅读推广活动

各类型图书馆通过地方史志文献展览、讲座、活动、举办读书会、编辑馆刊导读杂志等多种多样的形式，来对地方史志开展阅读推广工作。

（一）举办地方史志文献展览

举办地方史志文献展览，是最常见的阅读推广方式。我们以新闻报道为例，看看最近的地方史志文献展览有哪些。当然，没有在网上公开报道出来的地方文献展览应该还有很多，详情可通过网络进一步检索查询。

- 寻访上海品牌中的“徐汇制造”徐汇今举办档案和地方志文化宣传系列活动（新民晚报 2018 年 5 月 25 日）
- 地方文献：留住佛山历史珍贵记忆（珠江时报 2018 年 04 月 30 日）
- 呦呦有蒿——宁波市图书馆馆藏中医地方文献展昨天在市图书馆开展（新华网浙江站 2018 年 04 月 17 日）
- 佛山全民阅读系列活动下周末举行，地方文献馆揭牌仪式暨馆藏古籍及珍贵地方文献展览将于 21 日上午举行（南方网 2018 年 04 月 11 日）
- 遵义市图书馆将开放地方文献展示厅（新华网贵州站 2018 年 04 月 10 日）
- 荆门市图书馆在龙泉中学举行地方文献展读活动（腾讯大楚网 2017 年 11 月 01 日）
- 洛阳地方文献成果展今日开展（洛阳网 2017 年 09 月 26 日）
- 河南师范大学图书馆将举办新乡地方文献展（搜狐网 2017 年 09 月 12 日）
- 通辽市民族地方文献、书法、美术、摄影作品展在京开幕（新华网 2016 年 05 月 07 日）
- 中医地方文献展首站巡展开幕（中国网 2016 年 04 月 03 日）
- 沧州图书馆举办馆藏沧州地方文献展览（凤凰网 2016 年 02 月 18 日）
- 关于征集“连云港地方文献展”图书资料的公告（中国江苏网 2015 年 03 月 27 日）
- 汉川举行“馆藏地方文献展”邀市民品文化历史（腾讯大楚网 2014 年 12 月 30 日）
- 盐城举办第三届地方文献展览（中共江苏省委新闻网 2014 年 05 月 28 日）

（二）举办地方史志文化讲座

面向地方文史爱好者，举办地方史志与地方文化讲座，是一个比较有效的阅读推广方法。

以嘉兴市图书馆为例，依托图书馆“南湖讲坛”的品牌，多次举办与嘉兴地方历史文化有关的讲座。如，2011 年 6 月到 7 月，嘉兴教育学院副教授徐志平做客南湖讲坛，主讲“人文南湖”系列讲座，身处千年历史古城，坐拥众多文化传承，唯有让城中居民了解家乡才会更热爱家乡。2011 年 10 月 22 日，嘉兴市图书馆原馆长崔泉森做客南湖讲坛，讲述了“辛亥革命在嘉兴”的前情后幕。2014 年 8 月 2 日，南湖讲坛邀请了嘉兴日报报业传媒集团编辑于能老师，作了“烟雨楼的故事”专题讲座。2018 年 5 月，邀请袁斐先生在图书馆一楼秀州书局举办了“满目山河空念远——《碧血剑》漫谈”等一系列的金庸武侠地方文化讲座。这些讲座都涉及嘉兴的地方文化，与嘉兴的地方史志高度相关，成为推广地方史志的良好途径。

（三）开展相关主题活动

结合地方史志，开展相关主题活动，也是阅读推广的有效手段。

近年来，“手抄地方文献活动”在全国数地举办得有声有色。2016 年 7 月 5 日，朔州市图书馆率先启动了“手抄地方文献 50 天”阅读推广活动。在活动开展的第一天，就有近 20 位读者踊跃参与，从最小的 12 岁学生到最大的 82 岁退休老干部纷纷执笔誊抄。软笔笔饱墨酣，笔下龙蛇腾跃，硬笔端庄丰腴，使人见之忘俗，所抄写内容均为朔州市图书馆馆藏地方文献，《朔州文化名片》《朔州古诗选》《中国门神尉迟恭》等均是读者们首选的誊抄对象。凡对朔州地方文化感兴趣的市民均可到朔州市图书馆四楼地方文献阅览室参与。活动结束后，朔州市图书馆对誊抄作品从其思想性、艺术性以及参与者的持续时间等方面进行了评奖，并组织了专题展览。朔州市图书馆工作人员张志弘强调：“地方文献是一个地区文化发展的缩影与积淀，可以为读者认识家乡的历史与现状提供可靠资料，我们举办‘手抄地方文献 50 天’阅读推广活动，旨在激发市民了解朔州、热爱朔州的情感。”

2017 年 7 月 25 日，朔州市图书馆继续举办“手抄地方文献 30 天”阅读推广活动。2018 年 2 月，这项原创的地方文献阅读推广活动在中图学会举办的“创新引领未来——第一届公共图书馆创新创意征集推广活动”中，荣获“最佳青年创新奖”。

该活动在朔州市图书馆推出后，还在河南师范大学图书馆新乡地方文献整理中心、内蒙古自治区鄂尔多斯市东胜区图书馆地方文献部等处相继展开，均取得了良好的效果，值得大力推广。

此外，嘉兴市图书馆以馆藏雕版“嘉禾八景图”为基础，开展了“让传统文化活起来——雕版印刷体验”活动，让地方史志文献资源通过主题活动的方式传播到中小学、高校、社会读者中去，取得了良好效果。

（四）组织举办乡邦文献读书会活动

组织乡邦文献读书会活动，是分地读物阅读推广的重要形式。这方面做得好的案例主要分布在区县一级。

2015 年 12 月份，一些爱好地方文史的朋友在浙江温州苍南上书房（现为半书房）成立了知行读书会之苍南地方文献小组，每月制定学习计划，定期开展交流活动，旨在“梳理历代苍南人著述的基本面貌和发展脉络，以读书会的形式推动苍南地方文献的整理、研究”。后经人推荐，他们邀请了南京师范大学古文献研究所研究员、博士生导师江庆柏先生作为小组顾问。目前已有成员近 30 人[①]。

此外，乡邦文献往往还与地方档案史料有紧密的联系。例如在浙江省嘉善县，2014 年 5 月成立了嘉善县地方档案史料收藏研究会。参与者有着共同的爱好和愿望，关心本土文化，收藏和研究地方史料，通过档案资料编研，为地方文化挖掘、研究、保护和传承尽一份心力。他们定期举办研究会沙龙，探讨交流关于地方文史资料的研究心得，并且编辑有《嘉善记忆》杂志，定期发表有关乡邦文化的文章。

（五）编印地方史志文献导读刊物

图书馆界编印地方文献导读刊物，肇始于 1994 年嘉兴市图书馆编印的《秀州书局简讯》（2006 年停刊）（图 6–4），其后有温州图书馆编印的《温州读书报》（1997 年创办）、海宁图书馆编印的《水仙阁》（2007 年创刊）、太仓图书馆编印的《尔雅》（2008 年创刊）、温岭图书馆编印的《阅读温岭》（2011 年创刊）、嘉

① 一点改变《苍南历史文化》2016 年第 1 期编后记［EB/OL］.［2016–06–15］. http：//www.cnxw.com.cn/system/2016/06/15/012384597.shtml。

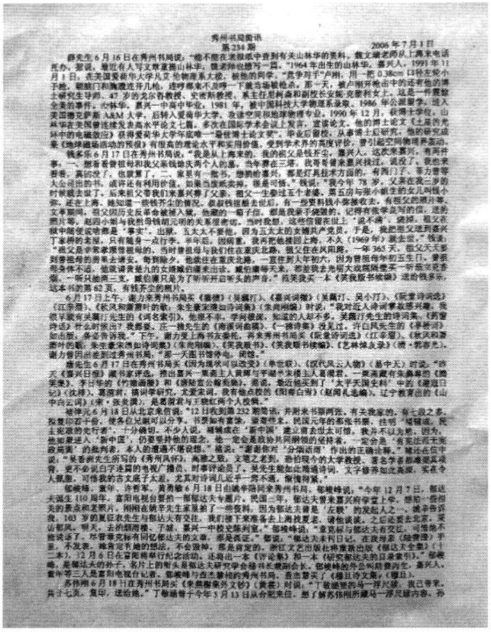
秀州书局简讯
第 234 期
2006 年 7 月 1 日

图 6–4　秀州书局简讯

兴图书馆编印的《味书轩》（2014 年创刊），等等。

嘉兴市图书馆的《秀州书局简讯》由范笑我主编。范笑我先生曾供职于嘉兴市图书馆古籍地方文献部二十余年，2018 年 4 月退休。本名范晓华，以“范笑我”之名通行于世。他所编撰的《秀州书局简讯》起编于 1994 年。1993 年，范笑我在嘉兴市图书馆创办了一个后来名动全国，乃至在世界上都有一定影响的小书店——秀州书局。他是一个对文化非常热心的人士，与全国文化名人如冰心、张中行、黄裳等人均有来往。这些文化老人在当地寻找不到的图书，会写信给范笑我，拜托他来搜寻自己需要的图书。而他则将这些与各地文化人来往的信息，统统记录下来，编成一份份简讯，取名叫《秀州书局简讯》，先是油印，后来又改打印，装订后邮寄到全国各地的文化人手中。渐渐地，《秀州书局简讯》成为了全国文化人交流的一个平台。在 20 世纪 90 年代初尚未接入世界互联网的时代，这是一个极其重要的交流平台，起到沟通全国文化人的重要作用。2006 年，书店停止营业后，《秀州书局简讯》也随即停刊，成为绝响。但是，范笑我停刊不停服务，继续在互联网平台上进行专业的地方文献阅读推广工作。2004 年 6 月 7 日，他在天涯论坛开通博客，2010 年后，他又转向新浪博客，开设了网络上的“听叩楼”博客空间，内容承继《秀州书局简讯》，大体为记载和推介嘉兴一地的古代史料与现当代资料。2018 年 1 月，他又新开设新浪“听叩楼”博客，继续他的地方文献资料整理记录之旅。截至 2018 年 3 月底，其新浪博客的访问量已超过 138 万人次，天涯博客的访问量超过 417 万人次，新开通的“听叩楼”博客访问量超过 3 万人次，在互联网平台上极具人气。另外，他还点校整理了《古禾杂识 · 灯窗琐话》，出版了《笑我贩书》《笑我贩书续编》《药窗词画》等地方文献著作，在地方文史爱好者中有着很高的影响力。

此外，2014 年 7 月，嘉兴市图书馆又创办了一份地方文献阅读推广小杂志《味书轩》(图 6–5)，大体上三个月编印一期，其内容都与地方文史、书人书事、阅读推广有关。截至 2019 年 1 月,已印行至 18 期,包括“嘉兴图书馆简史专辑”“馆藏家谱专辑”等。

图 6–5　味书轩第 11、12、14 期合照（嘉兴市图书馆郑闯辉拍摄）

《温州读书报》由温州市图书馆研究馆员卢礼阳负责编辑。《温州读书报》创刊于 1997 年，八开，四版，月报。所刊文章短小耐读，且内容多与温州本地文献掌故有关，深受读者好评。此外，温州市图书馆还创办了《温州通史编纂通讯》与《籀园》两个刊物。

海宁市图书馆《水仙阁》由陆子康负责编辑。他是海宁市图书馆的老馆长，也是《水仙阁》杂志的执行主编。《水仙阁》是浙江省海宁市图书馆编的一份地方文献导读类小杂志，创刊于 2007 年。目前栏目主要有《文献一勺》《特稿专辑》《海宁人物》《藏书春秋》《文史随笔》《读书台书话》《水仙阁雅赏》《馆情动态》等。《水仙阁》杂志主要介绍海宁当地的名人文化资源、藏书读书文化、图书馆讲座、阅读推广活动，充满浓郁的乡土气息。办刊品位高，图文并茂，留存海宁文化影像，特色鲜明，在众多内部刊物中别具一格。它以丰富的馆藏地方文献为基础，依托海宁市深厚的历史文化积淀，不仅反映了图书采购、图书借阅、新书推荐、藏书研究等图书馆日常工作，也体现了读者对地方人文的深切关注。

类似的公共图书馆编辑的地方文献与导读类小杂志还有不少，如太仓市图书馆编印的《尔雅》、金陵图书馆编印的《阅微》、张家港图书馆编印的《静观》、东莞图书馆编印的《易读》等。

三、面向不同对象的地方史志文献读物推广

地方史志文献读物，本身也分为入门型、普及型、专深型三种。入门型地方文献浅显易懂，如各地旅游部门编辑的旅游景点介绍小册子。普及型地方文献有一定的知识含量，但大多是已经形成共识的知识结集，如各地宣传部门编辑出版的图书大多属于此类。专深型的地方文献，多是就某一个具体题目，进行深入的剖析，发前人所未发，有创新，有洞见，这类图书多由专家学者撰写。面对不同学力水平的读者，要能够提供不同层次的地方文献读物。

分地读物的阅读推广，从实际工作经验来看，若是以地方文化为主要内容的分地读物，容易在中老年读者中找到共鸣。中老年读者不仅喜欢读，同时也喜欢写出自己的认知和经历。因此，适宜将中老年人做为分地读物的主要受众。老年人是地方文献读物的一个极为重要的阅读群体。他们在退休以后，拥有了大量的自主时间，与工作阶段有明显的区别。相当一部分老年人会将大量空余的自主时间花在诸如书画创作、阅读书报、聊天娱乐等处。地方文献读物，往往会成为老年人非常喜欢阅读的一类刊物。因为该类刊物所收录的文章，大多是跟当地的历史文化相关的。老年人在当地生活了数十年，对读物中所涉及的地名、人名都有所了解，也有兴趣进行更加深入地阅读。以浙江省平湖市图书馆为例，该馆专门创办了一份刊物，名为《晚晴》，其阅读对象就是退休之后的老年人。栏目主要有《当湖记忆》《当湖名人》《诗词集锦》《历史钩沉》《参观学习》《民俗民情》《生活随笔》《旅游天地》等。作者也多是当地退休老同志。此外，图书馆还可以跟当地的《政协文史资料》编委会加强联系与合作，共同推进地方读物的推广阅读。

此外，还要注意面向少年儿童的地方文献读物推广。面向少年儿童的乡土

文化教育也非常重要。“在未成年人读书活动中运用地方文献，能引导未成年人了解、利用地方文献，养成良好的阅读习惯，提升阅读能力，增强读书活动文化内涵”①。

目前，许多中小学校都编制了乡土文化教材。在小学与中学阶段开展乡土文化教育，也是分地读物推广的重要层面，要充分引起我们图书馆员的重视，在图书馆的分地读物推广工作中，注重与中小学的乡土文化教材相结合，推广的效果会更好。在图书馆举办的阅读推广活动中，可以对乡土教材中收录的文献篇章进行扩展阅读和更深入的分析。

四、推广地方史志读物要利用好各种渠道与平台

为更好推广地方史志读物，图书馆可以充分利用官方渠道和民间渠道来做相应的阅读推广工作，如图书馆平台、政府平台、本地媒体平台、互联网与新媒体平台等，结合各种平台开展相应的阅读推广活动。

（一）图书馆平台

做为图书馆阅读推广人，自身所在的图书馆平台是最重要、优先度最高的推广平台，也是从事阅读推广工作最重要的阵地。

图书馆的一切阅读推广活动，最终都要落实到具体的场馆。每个场馆，都是一个展示分地读物的极佳平台。尤其是在2017年2月，文化部、新闻出版广电总局、体育总局、发展改革委、财政部联合印发了《关于推进县级文化馆图书馆总分馆制建设的指导意见》的通知，为图书馆提供了一个总分馆体系联合展示分地读物的极好平台。

以嘉兴市图书馆为例，总馆在人流量比较密集的大厅入口处、办证处、外借处、信息服务与体验中心、参考阅览室等部室，均设置专架，用于放置分地读物与其他宣传资料，方便读者自行取阅。同时，在下辖的两个区分馆、十个乡镇分馆、两个街道分馆均同步放置分步读物，便于展示和取阅。

此外，每年嘉兴市图书馆都会与嘉兴日报社、嘉兴新华书店举办“好书有约”

① 吕佳兰 . 地方文献在未成年人读书活动中的运用——以海宁市图书馆为例［J］. 图书馆研究与工作，2013（1）：56.

活动，定期推荐图书，向嘉兴市本地读者征集书评，并在每年 2 月份结集出版。

在每年 2 月底的“好书有约”总结大会上，活动组织方对优秀作者进行奖励，同时面向到场听众发放导读小杂志《味书轩 · 好书有约专辑》。

（二）政府平台

公共图书馆作为各地文化部门领导下的事业单位，是国家和地方政府的重要文化窗口，因此也应该利用好政府平台，做好分地读物的阅读推广工作。

以嘉兴市图书馆为例，在嘉兴市政府设置了 24 小时自助图书馆，每期《味书轩》杂志都送 100 册到自助图书馆，供政府工作人员取阅。同时，在市政府文件收发室，为市委办、市府办、政策研究室、政协办公室等三十多个部门分发杂志到文件柜，实现定点投送。

（三）本地媒体平台

地方文献读物往往与地方城市有紧密联系，因此借助当地媒体的力量来进行阅读推广是非常有必要的。

以嘉兴市为例。嘉兴市的媒体主要有《嘉兴日报》《南湖晚报》、嘉兴电视台、嘉兴广播电台等。每家媒体都在文化版块专门安排一名或多名对口联络员，嘉兴市图书馆与这些媒体的联络员一直保持联系，每当图书馆要办阅读推广活动时，都会在第一时间通知到相关媒体的联络人。这样，相关的阅读活动（包括分地读物）信息，都可以通过当地媒体的宣传报道，更加方便迅捷地通知到当地群众。

（四）互联网与新媒体平台

在互联网时代与移动互联网时代，网络上的新媒体平台是非常重要的传播渠道，能以最快的速度将信息传递给目标读者。当前最重要的新媒体就是微博、微信、QQ 群，以及略微小众的豆瓣、知乎等平台。

现在许多图书馆都有运营的微博帐号、微信公众号（或订阅号），通过这些便捷的渠道，能够直接与图书馆的读者进行联系和互动，使得阅读推广活动开展更有效、更有针对性。

第三节　图书馆史志的编撰

身为图书馆阅读推广人，对本馆的馆史馆志也应具备较为充分和全面的了解。我国的现代图书馆事业肇始于清末，许多图书馆都有着数十年甚至超过百年的历史，这本身就是一段值得记录和宣传的光辉历史。在过去识字率极低的年代里，图书馆默默地发挥着启迪民智、提高人民知识文化水平的功能，维系着中华文明的传承。因此，有条件的图书馆应该把图书馆馆史馆志的编纂提到议事日程上来。鉴古而知今，通过编撰图书馆史志，回溯本馆发展的源头和经历，有助于我们更深刻地理解阅读推广的意义和重要作用。

一、我国图书馆史志编纂情况简介

20 世纪 90 年代以来，我国图书馆史志编纂掀起热潮。国内一些规模较大、历史悠久的图书馆都编纂出版了自己的馆史或馆志，如上海、南京、湖南、山东等省级图书馆，还有潍坊、宁波、济南、海宁等市县级公共图书馆。这些图书馆史志作为专业志，记录了现当代我国图书馆的发展历程，保存了大量的珍贵史料，值得我们关注。

经过中山大学资讯管理学院博士生蔡思明的整理和归纳，截至 2018 年底，已公开发行的图书馆志有 165 种，图书馆史有 42 种，数量已非常可观。

二、图书馆史志编纂原则

图书馆史志不同于一般的方志，并不适用“略古详今”这一方针。最重要的原因是，1990 年代以后编纂的绝大多数图书馆志，是这些图书馆历史上的第一部志书，意味着所有载入馆志的史实皆是第一次入志，是全新的史料。这不同于一般地方志，都是前有旧志，今乃续修[①]。

馆史馆志编纂中的史料选取，需要考虑到图书馆的专业特色。馆志大多从图书馆工作的几个主要方面去划分类目，而后纵向按时间顺序取材铺陈。这些类目本身就反映了图书馆的专业特色。馆志中不可或缺的设置类目有馆舍、馆员、藏书、

① 易向军，张秀玉．论图书馆史志编纂的材料取舍［J］．图书情报工作，2011，55（05）：130。

读者、研究辅导，等等。当前的馆志编纂也开始增加对新拓展业务的记录，如参考咨询、电子阅览、缩微复制、藏书保护，等等。

以《嘉兴图书馆简史专辑》编纂举例来说，该书在 2018 年经过三个月的资料收集和编纂完成，可以为没有编纂馆史馆志经验的同行提供借鉴。嘉图作为百年老馆，从 1904 年创立“嘉郡图书馆”到现在的“嘉兴市图书馆”，中间跨越了清朝、民国、新中国三个时代。遗憾的是，嘉图虽然有这么光辉而久远的历史，却一直没有正式的馆史馆志出版。初创时的艰辛，抗战时的劫难，解放初期的蓬勃向上，20 世纪 60 年代的曲折，改革开放后的飞速发展，这一切都已经和正在成为历史。嘉兴图书馆的发展经历也从一个侧面反映了嘉兴这座文化底蕴深厚的城市一百多年来对传统文化传承做出的努力，它本身既是社会进步的产物，同时也对社会进步起到了推动作用。2004 年，在嘉图百年馆庆时，崔泉森馆长策划了一系列纪念活动，举办了“嘉兴市图书馆百年历史资料展”“馆藏嘉兴珍贵地方文献展”“图书馆与社会进步——百年馆庆学术论坛”“读者座谈会”“江浙沪公共图书馆馆长座谈会”“社会各界人士座谈会”等形式多样、内容丰富的活动，为馆史编纂整理留下了丰富的资料。这本“馆史专辑”的前半部分“百年嘉图录”，其主要内容就来自 2004 年的“嘉兴市图书馆百年历史资料展”；后半部分的“百年嘉图志”，则将馆史上的重要历史文献、馆史资料加以整理和保存，以篇章的形式编成。2018 年 1 月，中国图书馆学会图书馆史研究专业委员会决定发起“第一届中国图书馆史志优秀图书”评选活动，推动和鼓励图书馆界积极编辑馆史馆志。嘉图积极响应号召，先行编出《味书轩 · 嘉兴图书馆简史专辑》，以图书馆名称的变迁为时间线索勾陈出百年间图书馆经历的变化和发展。由于时代的更替，很多重要的细节资料已无法找寻，这本小书的出版印行，得到了嘉兴各界人士的关心、指正和资料补充，从而为以后正式编辑出版馆史馆志打下了良好的资料基础，也为同行留下一些编纂馆史馆志的经验教训。

三、图书馆史志编纂需重视专题研讨

作为图书馆史志的编撰工作者，需要关心业界的专题研讨会。中国图书馆学会图书馆史研究专业委员会自 2005 年 11 月 8 日正式成立，迄今为止已举办过三届专题学术研讨会。

2006年10月14日至18日，第一届图书馆史学术研讨会在重庆成功召开。这届研讨会是中国图书馆学会图书馆史研究专业委员会成立以来举办的首届专业研讨会。会议由重庆第三军医大学图书馆和中山大学图书馆共同承办，来自全国图书馆界的30位会议代表齐聚美丽的山城重庆，共同就图书史、图书馆史和图书馆学术史等相关研究主题进行了广泛而深入的探讨与交流。

2008年4月16日至19日，以“敬惜字纸：读网时代的纸张崇拜和文献情结”为主题的第二届图书馆史学术研讨会在温州市图书馆召开。研讨会由中国图书馆学会图书馆史研究专业委员会与温州市图书馆、中山大学图书馆联合举办。来自北京大学、中山大学、武汉大学、南开大学等全国高校图书馆以及各公共图书馆的知名图书馆史专家、学者近50人参加了本次研讨会。开幕式由图书馆史专业研究委员会副主任委员、南京大学信息管理系徐雁教授主持，图书馆史专业研究委员会主任委员暨中山大学资讯管理系程焕文教授、中国图书馆学会副理事长暨北京大学信息管理系主任王余光教授，温州市图书馆学会理事长暨温州市文化广电新闻出版局徐顺聪副局长致开幕致词。

2018年5月12日至13日，由中国图书馆学会学术研究委员会主办，河南师范大学图书馆等承办的“第三届图书馆史学术研讨会”召开。全国图书馆史研究学者130余人参加会议。河南省高校图工委副主任、郑州大学教授崔波，著名图书馆学家、武汉大学教授谢灼华，中国国家图书馆研究院副院长申晓娟，中国图书馆学会副理事长、图书馆史研究专业委员会主任、中山大学教授程焕文先后致辞，回顾了图书馆史研究历程，展望了图书馆未来发展方向。会议对“第一届中国图书馆史志优秀图书”获奖者进行表彰，颁发特等奖1项、一等奖8项、二等奖6项、三等奖4项。开幕式后，北京大学信息管理系教授王余光作了题为《从藏书精神到图书馆精神》的报告。程焕文教授做总结发言，他指出，在图书馆事业发展的新时代下，研究我国图书馆史、图书馆事业发展史、图书馆人物和古籍整理保护等，是中国文化自信的体现。要通过研究图书馆事业发展过程中的经验和不足，明确新时代图书馆史研究的基本使命，从而推动我国图书馆史研究的发展，促进我国图书馆事业的繁荣。本届图书馆史学术研讨会主题为

"修志编史，以启未来：新时代图书馆史研究的基本使命"，会议分为图书馆史志编纂研究、近代图书馆史研究、图书馆事业史与图书馆史研究发展、图书馆人物研究、藏书史研究、书史和阅读史研究等 6 个分议题。为图书馆史志的编撰，提供了很好的案例，指明了前进的方向。

第七讲

地方文献数字化、数据化与特色数据库建设

第一节　地方文献的数字化与数据化

地方文献蕴涵巨大的价值，数字化开发促进其价值的更大发挥，当今地方文献数字化已发展成为地方文献工作的重要方面。文献数字化是通过一定的技术手段将文献转变为能够为计算机信息系统识别的数字信息，并进而存储到计算机系统中去，以达到存储、开发利用的目的。目前这种数字化又可以进一步细分为两种方式，一种是初级数字化，简单的将文献转变为数字文献，如通过扫描把文献转变为 PDF 文件；另一种是深入数字化，即数据化，在初级数字化基础上，把可“读”的数字化文献进一步提取相关描述内容，以便计算机进一步理解文献内容，从而能通过计算机对文献进行深入的分析并发现文献内容之间的关系。

一、地方文献资源数字化的意义

地方文献具有鲜明的地域性和稀有性，随着时代的发展，地方文献资源的载体与传播形式都发生了极大的变化。图书馆对馆藏地方文献资源进行数字化，不仅有利于发展地方文化，促进地方经济发展，对于提升其自身的服务能力和影响力也具有十分重要的意义。

（一）更好地保存特色地方文献

地方文献资料中有很多老报纸、老照片、老家谱、民间散件（如契约、戏单、书信等）等较为珍贵的特色资料。这些资料相对于普通书刊在使用和保存上更为复杂，需要更好的保存条件和保护技术。这些资料数字化以后，可以长久保存，方便利用和开发，减少对文献的搬移和翻动，降低珍贵地方文献资料的破损和遗失的可能性，从而对文献起到更好的保护作用。

（二）更好地发挥其利用价值

将地方文献资料数字化后，地方文献的内容及其相关属性具备了可检索性，读者可以按照书名、作者、年代等多维度对地方文献进行查找，甚至还可以根据文献中的某些字词进行精准查找,为读者利用地方文献提供了极大的方便。同时，数字化的地方文献资源可以放到网络上，以便更多读者使用，能更好的发挥地方文献资料的利用价值。

（三）更好地丰富馆藏数字资源

地方文献资源数字化后，数据可以进一步制作成地方文献特色数字资源库，极大地丰富、完善馆藏数字资源。目前图书馆的数字资源通常由外购的数字资源和自建的特色数字资源组成，外购的数字资源对各家图书馆而言都是千篇一律，真正反映图书馆数字资源特点的一定是图书馆独特的特色数字资源库。因此，地方文献数字化能大力提升图书馆数字资源的结构和影响力，对各图书馆构建特色鲜明的数字资源体系具有重要意义。

二、地方文献资源数字化内容的选择

地方文献数量庞大、种类繁多、形式多样，理论上，所有的地方文献资源都可以数字化，但受技术、资金、人力等多方面因素的限制，在实际操作中，图书馆一般会选择具有鲜明地域特色，具有较高文献价值和历史价值的地方文献优先进行数字化。具体而言，图书馆在数字化地方文献资源时，对于内容的选择主要遵循以下几个原则。

（一）需求性原则

“以读者为本”已经成为图书馆界的共识，读者对资源的需求是建设地方文献数字化资源的前提和最终目的。只有充分了解和结合读者的需求，有目的、有针对地进行选题，地方文献数字化资源建设才能取得良好的社会效益[①]。对于现实需求迫切的地方文献，可以考虑优先将其数字化。

（二）特色性原则

数字化内容要突出馆藏特色和地域特色，有特色才具有吸引力和生命力。要考虑扬长避短，人无我有，形成自己的数字化资源特色和优势。

（三）保护性原则

地方文献很多是发行量不大的非正式出版物，或是很多当地的珍贵历史文献，如地契、票据、戏单等。这些文献资料由于稀少或者年代久远，遗散、纸张泛黄、破损等现象比较严重，“藏”和“用”之间的矛盾突出。建设地方文献数字化资源可以将有较高文献价值和历史价值的珍贵古旧地方文献，按年代由远至近，按破损程度由重至轻依次遴选进行数字化的再生性保护。

（四）统筹性原则

要结合本地实际和本馆现实情况，对馆藏地方文献资源进行全面科学的评价，统筹规划，避免地方文献数字化建设内容重复建设和资源浪费。

（五）适度性原则

地方文献数量庞大、种类繁多，建设内容要根据本馆业务能力和技术实力，先易后难，避免求大求全，着眼点可以小，但力求做精做深，达到“人无我有，人有我优”的效果。

三、地方文献资源数字化的主要方式

地方文献资源数字化成果一般都是以地方文献数据库方式呈现，按照数据库表现方式及内容的不同大致可分为书目数据库、专题全文数据库、专题多媒体数据库。

① 肖玲．谈地方文献数字化资源建设［J］．图书馆学刊，2006（2）：65–66.

（一）书目数据库

书目数据库主要提供地方文献的题名、作者、出处等基本书目信息。书目数据库又分为文摘索引数据库和文献目录数据库。

文摘索引数据库主要是简单记录某一时期发表的相关文章，供读者检索和查询。它提供文献确定的来源信息，但一般不提供原始文献的馆藏信息。

文献目录数据库除了记录文献题名、作者、出处等外表特征的描述信息外，还有许多管理信息、馆藏信息等附加信息，数据内容相对比较详细，如图 7–1 所示。

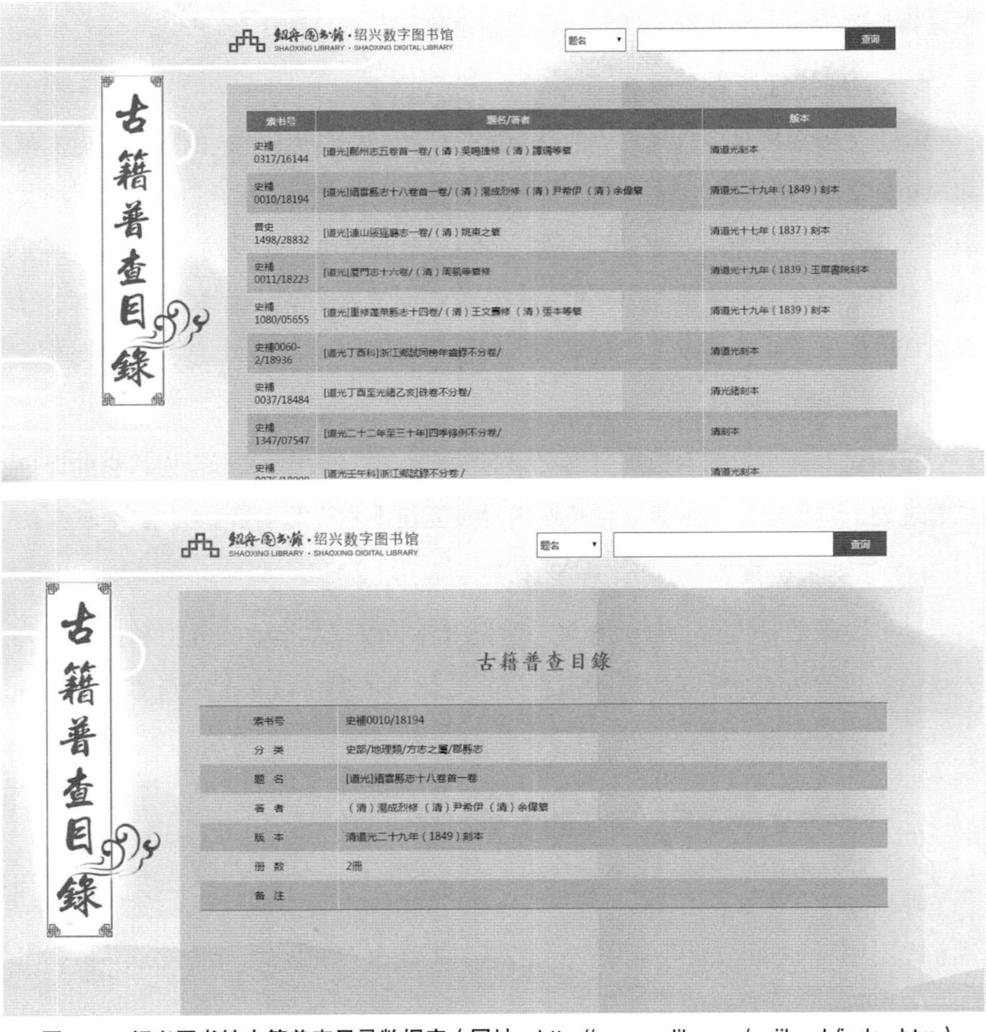

图 7–1　绍兴图书馆古籍普查目录数据库（网址：http://www.sxlib.com/gujibook/index.htm）

（二）专题全文数据库

专题全文数据库即收录有某一专题的原始文献全文的数据库，由于直接提供全文，因此深受读者喜爱。目前地方文献数字化全文数据库的比例较大，是主流的建设方式。

专题全文数据库，根据全文的数据格式又可以分为图像型全文数据库和文本型全文数据库。

1. 图像型全文数据库

主要是指将文献正文扫描为图像文件，经过格式转换处理后，通常以 PDF 文件提供给读者浏览访问，同时将文献的书目信息进行元数据著录，为读者提供字段检索。图像型全文数据库建设相对简单，建设周期较短，而且保持了原文原貌，是当前比较受欢迎的地方文献数据库建设模式。图像型全文数据库（如图 7–2）的主要缺点是不能进行全文信息检索，即无法进行字、词、句、段的检索，只能通过元数据描述的信息进行相应检索。

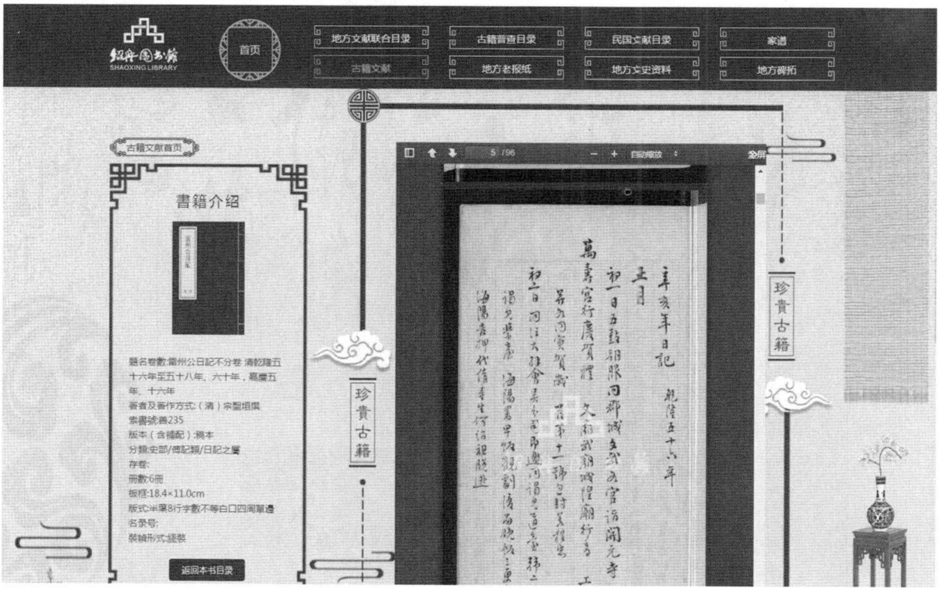

图 7–2　绍兴方志图像全文数据库（网址：http:// sxwx.sxlib.com:7078/sxtskzggjguji/1258.jhtml）

2. 文本型全文数据库

主要是指文献正文不仅仅是扫描的图像文件，而且经过光学字符识别（Optical

Character Recognition，OCR）转换、或者专门组织人员录入，使文献正文转换为可编辑、可检索的文本数据。因此，该种方式的数据库建设成本高、周期长，但是具有强大的检索功能，主要表现在它能提供丰富的检索点，允许读者从多个角度进行单项检索或多项组配检索，甚至可对文本中任意句、段、节、章进行检索。此外还具有布尔逻辑检索、字符的位置检索、截词检索等功能。文本型全文数据库还具有一定的信息分析、计量功能，可对文本中的关键词等进行频率统计并排序。

（三）多媒体数据库

地方文献资源种类繁多，既有图书、杂志、报纸等纸质文献，也有照片、影片、图片、唱片、契约等相关实物。对于后者的数字化通常会以多媒体数据库的方式进行呈现，如图 7–3 所示的《兰亭书法节多媒体资源库》。

图 7–3 《兰亭书法节多媒体资源库》（网址：http://202.107.224.19: 80801/lantingshufajie/）

多媒体数据库是指包括文本、图片、声音和图像等多种媒体形式的数据库。由于媒体形式多样性，多媒体数据库中数据的组织、存储以及查询设计较之文本类型数据库更复杂一些。

地方文献的多媒体数据库多以地方戏曲、老照片、契约文书等为主要内容，涉及音频、视频、图片等不同形式资源的数字化，相对于全文数据库建设难度更大，但是由于其表现力强，更易吸引读者，加之软硬件系统的快速发展，多媒体数据库建设也正逐渐成为不少图书馆地方文献数字化的选择。

四、地方文献数字化的实施步骤

在对地方文献进行数字化时主要有以下几个实施步骤。

（一）确定建设目标

通过对馆藏地方文献资源的梳理分析，明确所需数字化的资源内容、数量、呈现方式，在此基础上拟定建设目标和任务。

（二）设计数据库内容框架

根据目标任务，设计数据库内容框架，即拟定数据库的栏目，确定数据库的主体脉络及层次结构，为其后数据库平台设计提供依据。

（三）收集整理相关资料

根据数据库内容框架，按照设计对相关资源进行进一步地收集、归类、整理，尽可能地充实资源内容，保证数据库的数据量。在收集整理相关资源时，可设置资源登记表，记录资源情况，便于随时掌握资源整理进展。

（四）规划元数据元素

在地方文献数字化时，需要对资源数据进行元数据描述，通常需要根据资源类型提前规划好元数据元素。一般可以根据国家科技部推出的《专门数字对象描述元数据规范设计指南》或者国家图书馆推出的《国家图书馆专门元数据设计规范》等标准对元数据元素进行设计。在实际应用中，通常会复用都柏林核心元素集 15 个元素中的部分元素作为核心元素，同时根据所数字化地方文献资源的特点，制定所需的个别元素，最大限度地体现地方文献的个性特征。

（五）选择数字化加工标准

为了保证数据的标准化、规范化，提高数据质量，在对地方文献进行数字化加工前，需确定所要采用的加工标准。全国图书馆标准化技术委员会制定的《图书馆馆藏资源数字化加工规范》（GB/T 31219）对多种资源类型的数字化加工标准进行了规定，在具体数字化时，可以根据所要数字化的文献资源对应《图书馆馆藏资源数字化加工规范》中的相关类型确定加工标准。国家图书馆近年也推出了针对文本、图象、音频、视频等数据类型的加工标准与工作规范，也可作为参考标准。

（六）数字化加工

数字化加工，各馆可以根据自身情况选择自行加工制作，或者委托专业厂家加工处理。一般推荐后者，加工效率和质量会有较好的保证，但是需要图书馆加强对加工过程的管理，以保证文献在加工过程中不被损坏，加工完成的数据不被外流。

（七）开发数字资源发布和管理平台

加工好的数字资源需要发布才能被读者利用，通常需要搭建一个发布平台和管理平台。发布平台对数字资源进行发布和展示，一般具有资源导航、资源搜索、资源浏览等功能。管理平台具有用户及权限管理、栏目分类管理、资源编辑录入、审核、搜索、批量转移等功能。

（八）维护和推广

地方文献数据库建设是一项长期的系统工程，要经常维护，不断更新和补充数据，这样才能使数据库具有生命力。另外，地方文献数据库建成后，还应对其进行大力推广，更好的发挥其社会效益和经济效益。

五、地方文献的数据化

目前，地方文献数字化主要是将文献内容数字化，并作为检索、获得文献文本的储存平台，而较少考虑如何使用数据库帮助读者分析文本。地方文献数据化则是解决该问题的一种途径。

（一）数字化与数据化的区别

《大数据时代》里写道："数字化是指把模拟数据转换成用 0 和 1 表示的二进制码的过程；数据化是指一种把现象转变为可制表分析的量化形式的过程。"[①]数字化是将文献从物理形态转化为数字形态的二进制 0 和 1，即文献数字化揭示的是文献的实质内容；数据化是将数字化后的二进制进一步转换为可识别、可分析的数据，即文献数据化是数字化更进一步的发展，它既揭示文献的内容特征，还将文献转化为可制表分析的量化形式。例如，将《绍兴方志》数字化，就是将文字内容转化为 0 和 1 的数字信息，读者阅读的是计算机转换数字信息得到的图书内容，将该书数据化得到的结果除了数字内容外还包含定义的数据，这些数据既包括书名、主题词、版本等，也包括书中相关内容的提取，如气候、区位、主要经济等描述性数据。

如前所述，数字化将文献从纸质形态转化为电子形态，对读者来说，只是将阅读载体从纸本变成了电子设备，并未真正改变使用者利用文献的方式，真正能够改变文献利用方式的是数据化。数据化的意义是将利用文献的方式从"读"转变为"分析"，通过分析发现文献内容之间的关系，其核心方法是重组文献内容，置入使用者所建立的新的文本或数据结构中，也即文献的结构化[②]。

（二）实现数据化的主要手段

目前文献数据化的主要手段是制作元数据。元数据是可以被计算机识别的文献描述。制作元数据，也就是将文献资料转化为可被检索、分析的数据的过程，这是将物理形态的资料转化为可分析的数字形态的关键步骤。如何设计元数据结构，很大程度上决定了文献资料可以被如何检索、分析[③]。因此，文献数据化需要文献专业人员甚至是专家深度参与其中，由他们根据文献内容设计相应的元数据并进行描述，他们的专业程度将直接决定文献数据化的质量。

地方文献数据化，甚至提供文本挖掘能力将是今后地方文献数据库开发的大趋势，但是目前成熟的案例并不多，尚处在初步探索阶段。

---

① 维克托·迈尔 – 舍恩伯格，肯尼思·库克耶．大数据时代［M］．盛杨燕，周涛，译．杭州：浙江人民出版社，2015：104.

② 赵思渊．地方历史文献的数字化、数据化与文本挖掘：以《中国地方历史文献数据库》为例［J］．清史研究，2016（11）：26–35.

③ 张雪莲．论高校馆特色数据库建设现状与构建原则［J］．图书馆，2011（4）：119–121.

第二节　地方文献特色数据库建设

特色数据库是充分反映本单位在同行中具有文献和数据资源特色的信息总汇，是图书馆在充分利用自己的馆藏特色并按照一定标准和规范将其数字化，建立的一种具有本馆特色的、可共享的文献信息资源库。特色数据库建设通常是以馆藏的地方文献资源为基础，具有鲜明特色和独创性，是地方文献数字化的主要呈现方式。

一、地方文献特色数据库建库原则

地方文献特色数据库建设应该遵循的原则有以下几点。

（一）独特性原则

特色数据库的特色是通过图书馆“人无我有，人有我优”的独特的馆藏文献来体现的。因此，在建设特色数据库时，应注重能体现出馆藏特色、地方特色、专题特色等。特色数据库的独特性，是它的生命力所在，是其存在的价值①。同时在建设特色数据库时应避免“大而全”的现象，要集中力量，有重点地开发某一领域或某一专题的数据库。

（二）标准化、规范化原则

特色数据库建设涉及数据著录、元数据规范、数据加工、知识组织、长期保存等多个方面，而且还往往需要和其他数据库进行数据交换或整合，这些都要求数据库建设时需要遵循相关标准，规范化地开展建设。只有标准化、规范化的数据库系统才能保证可靠性、系统性、完整性和兼容性。建设数据库一般应遵循全国图书馆标准化技术委员会或国家图书馆制定的相关数字化标准。

（三）实用性原则

地方文献特色数据库建立的最终目的是为了更好地发挥地方特色资源的功能，最大限度地满足读者的需求。要把握读者特色需求热点，根据本馆确立的数字化原则，优先选择利用率比较高、用户需求大或有较高学术价值的特色地方文

① 徐大平，郎菁，梁芬玲．地方特色专题数据库选题若干问题研究［J］．情报杂志，2012（2）：174–177.

献资源进行数字化。

（四）可扩展性原则

特色数据库的建设具有长期性，通常采取边建设边使用的模式。在使用过程中，新的需求不断涌现，新的资源不断补充，这就要求特色数据库应具有良好的可扩充性、可伸缩性和升级能力，能兼容不同的设备和平台，轻松应对特色数据库的后续扩展。

（五）持续性原则

地方文献特色数据库建设是一项长期性的工作，数据库的开通并不意味着数据库建设的完成，数据库开通后还要进行经常性的更新和维护，才能保持其旺盛的生命力。图书馆应安排专门人员收集数据库在使用过程中的反馈信息，定期对数据内容进行补充更新、清理和修正[①]，对读者在使用过程中发现的问题要进行及时改进。

二、地方文献特色数据库的建设流程

（一）选题

地方文献特色数据库建设选题，是整个项目建设的重中之重。地方文献特色数据库在选题上要突出地方文化特色和地方文献特色，以地方文化资源为切入点，以地方文献为支撑，有体系地建设地方文献特色数据库。但选题也不宜一味贪大求全，或随意选择热点题目，而不顾相关文献资源的匮乏，导致数据量偏少，无力更新而沦为摆设。在进行特色数据库建设前，邀请专家对数据库建设的必要性、可行性、创新性以及预期服务效果进行前期论证，是保障特色数据库质量的重要手段。

（二）资源调查分析

如前所述，地方文献特色库建设在选题时要考虑资源状况，对文献资源进行深入调查，需摸清楚资源数量、分布情况、资源品质、原始形式、版权状况等具体情况，从而提出资源数字化及素材收集与处理的实施方案。在此过程中，由于对选题内容有了深入的了解，对于前期选题的不当之处可随时进行调整[②]。

---

① 李敏，王凭，白凯 . 高校图书馆特色数据库建设难点与实践［J］. 情报杂志，2007（11）：134–138.

② 肖珑，陈凌，冯项云 . 中文元数据标准框架及其应用［J］. 大学图书馆学报，2001（5）：29–35.

（三）资源收集

资源数据是数据库建设的核心，在一定程度上决定着数据库的质量。资源的收集可根据前期资源调查分析基础上制定的收集计划，既深入挖掘馆藏资源，同时又注重横向联络相关单位，还要加大对网络信息资源的搜集。在收集资源数据的过程中，要确保收集数据的完整性和权威性，确保数据库的质量。

（四）规划功能

数据库的规划者应根据前期资源调查分析以及建库目标，拟定出数据库的初步功能，并以此为蓝本设计制定功能需求调查表，通过问卷调查的形式收集读者的实际需求并进行分析，然后结合经费、资源状况、技术力量等因素，确定数据库需实现的功能以及资源组织形式。

（五）技术与标准选择

特色数据库建设所涉及的技术比较多，主要包括底层数据库系统、开发语言和网页制作等。通常会根据所建数据库的规模大小、资源类型、呈现方式、应用范围、使用途径等方面来选择适用的、成熟的、可扩展的技术，不必过分追求新颖的技术。在标准规范使用上，应该优先选择全国图书馆标准化技术委员会或国家图书馆制定的相关数字化标准。在实际操作中，一般都会选择利用成熟的建库软件系统作为建库的技术平台，或者直接委托专业厂商来完成特色数据库的技术搭建。

（六）资源数字化加工

收集来的资源按照相关加工标准进行数字化，一般包括扫描、图像处理、OCR 识别、PDF 合成、元数据描述等过程。因为地方文献的稀缺性，在数字化加工中需要特别注意对原始文献的保护，避免在加工过程中出现损坏原始文献的情况，并且要通过合同约束、技术手段等防止加工好的数字文件外流。

（七）特色数据库的发布

资源数据完成数字化加工并经过有序化的细分与重组后，可以对外发布，供读者访问使用。特色数据库一般采用网页的形式进行发布，因此通常会根据数据库的内容主题设计对应风格的网页页面，同时通过分类导航、统一检索为读者提供全面实用的资源发现、获取和利用等服务。

（八）维护与推广应用

特色数据库的建设是一个长期的动态过程，初建的完成并不意味着整个数据库建设的结束，图书馆需在后续建设中持续补充完善资料、修正数据，使特色数据库处于持续更新的发展状态，保持生命力，持续增强特色数据库的影响力。另外，特色数据库建好后要投入力量积极宣传推广，将该数据库的内容、特点、使用方法等信息主动推送给潜在的读者群，提高读者对所建特色库的了解，以实现特色数据库使用效益最大化。

三、地方文献特色数据库元数据标准及元素的选择

（一）元数据标准的选择

1. 元数据及元数据标准的定义

元数据是指描述资源的数据，又称中介数据、中继数据，主要是用来描述资源内容、质量、状况和其他相关属性的信息。其目的是促进数据资源的高效利用，比如帮助读者了解库里的数据资源并提供相应的检索点，帮助图书馆有效的维护和管理数据资源，帮助图书馆处理和交换共享数据资源等。而元数据标准是描述某类资源的具体对象时应用的所有规则的集合。不同类型的资源有不同的元数据标准，一般包括完整描述一个具体对象所需的数据项集合、各数据项语义定义、著录规则和计算机应用时的语法规定[①]。

2. 元数据标准的选择原则

地方文献特色数据库的资源对象形式多样、来源广泛，需要经过一定的组织和整合后才能形成的有序的、可利用的特色资源。因此，特色数据库建设中选择相应的元数据标准及其元数据元素是十分重要的环节。在建库过程中为选择出恰当的、适用的元数据标准，一般可遵循以下几个原则。

① 针对性原则。特色数据库资源类型的多样性，决定了不可能采用一种元数据标准对资源进行描述。一般都会根据每种资源类型的属性选择出适当元数据标准，这样才能保证对资源进行准确和全面地描述，也有利于资源后期的使用和检索。

① 凌云，徐革，李一平．特色数据库建设中的元数据标准选择——“峨眉山自然遗产特色数据库”的应用实例［J］．情报杂志，2006（1）：131–133.

② 权威性原则。一般来讲，图书馆系统多采用国家科技部、全国图书馆标准化技术委员会、国家图书馆或者中国高等教育文献保障系统（China Academic Library & Information System，CALIS）制定的相关元数据标准，这些机构制定的标准具有较高的权威性，有利于资源的数字加工和共享。

③ 可转换性原则。元数据标准的可转换性是指该标准与其他组织制定的且技术规范不尽相同的标准相互转换的能力。在具体应用上，可转换性表现为能较好地实现与其他元数据标准之间的转换，能尽量保证转换后资源描述的准确性和完整性，避免转换过程中造成信息的损失。

④ 可扩展性原则。信息资源及其属性并非一成不变，这就要求用于描述资源的元数据标准进行相应的调整。元数据标准应具有良好的可扩展性，使它能根据实际情况扩充一些元素或属性值等，即能及时对新出现的资源属性进行描述，并且不影响已有资源。可扩展性保证了元数据及其描述资源的良性延续[①]。

（二）元数据元素的选择

1. 元数据元素的定义

元数据元素是数字资源元数据的基本语义单位，描述数字资源框架内的基本实体，亦称“元数据单元”。简单的说元数据元素是指元数据所描述资源某一方面的特征信息，元数据标准都定义了多个元素，通过这些元素来实现对资源属性的描述，一般分为核心元素、资源类型核心元素和个别元素。

核心元素是指使用频率高、共性的、可用于不同类型的信息资源描述的元数据元素。都柏林核心元素集（信息与文献）规定了 15 个核心元素，如题名、创建者、主题等。资源类型核心元素是在制定不同类型和不同资源的元数据规范时，根据资源对象的特点设计出的、相似资源共同所需的元素。个别元素是指为某一特定资源对象设计的，仅适用于该类对象的元素，不用于数据交换。每个元素下面又可包括多个子元素和元素修饰词，利用它们对资源进行更为详细和确切地描述。下表 7–1 是以《国家图书馆音频元数据标准》为例，列举了核心元素、资源类型核心元素、个别元素。

① 李明伍，吕先竞 . 特色数据库系统建设评价指标分析［J］. 现代情报，2008（1）：81–84

表 7-1　国家图书馆音频元数据标准

类别	元素
核心元素（15 个）	题名
	创建者
	主题
	描述
	出版者
	其他责任者
	日期
	类型
	格式
	标识符
	来源
	语种
	关联
	权限
	时空范围
资源类型核心元素（3 个）	版本
	受众
	馆藏信息
个别元素（1 个）	源载体

2. 元数据元素的选择

在选定好元数据标准后，需要在标准里选取适当的元数据元素。元数据标准通常会包含较多的元素和修饰词，以便能尽可能全地覆盖到资源可能会具有的属性和特征。但在实际应用中，并不会选取其所有元素和修饰词，只是根据资源的具体特点和要求，从元素集中选出适当的元素和修饰词来描述资源。

3. 元数据著录规则的选择

在确定要采用的元数据及其元素后，还需为每一种元数据制定较为详细的著录规则。这些规则规定了元素的内容和属性的具体设置、取值和特征，即要给出对资源对象著录时各元素应著录的内容、取值范围以及如何处理各类特殊事项等[①]。例如，对“图书”这一资源选取了“描述”这一元数据元素，在具体著录时就需要把这本图书的目次、摘要等信息作为“描述”元素的值进行录入。在具体操作中，可以依据国家图书馆根据文献类型制定的《专门元数据标准与著录规范》，选取相应规范即可。

四、地方文献特色数据库的评估

对地方文献特色数据库进行评估是促进地方文献特色数据库规范化建设的重要手段，目前还没有统一的评估指标，但根据信息系统建设过程管理体系以及各馆对特色数据库结题验收的一般标准，可以从以下几个方面对地方文献特色数据库进行评估。

（一）数据资源

特色数据库必须具有一定数量的数据资源，同时，数据的质量和内容也是对数据库评价的重要因素。考察特色数据库数据资源的建设情况，主要从以下几个方面来进行。

1. 数据总量

数据总量是评估特色数据库的一个重要指标。指标值越高，表示被评估的数据库水平越高。在实际的评测中，可以考察资源的总记录数，一般以万条为单位，也可以考察资源的总容量，一般以千兆字节（GB）为单位。据相关资料介绍，我国数据库平均数据总量低于 4 万条。

2. 数据质量

数据质量主要从三个方面考察，一是数据本身有无错误，如文字错误、图片清晰程度、有无明显倾斜、音视频是否清晰等；二是数据加工、元数据著录是否规范，是否按照相关标准进行加工、著录。三是标引质量和深度，分类、主题词、关键词等标引正确，符合相关标准。在实际的评测中，以随机抽查得出比例来确

① 李明伍，吕先竞．特色数据库系统建设评价指标分析［J］．现代情报，2008（1）：81–84.

定指标值。

3. 资源的内容

特色数据库的数据内容必须要具有特色性，这是区别与其他数据库的主要指标。在实际的评测中，以随机抽查得出比例来确定指标值。

（二）系统平台

该项主要是对特色数据库门户网站以及管理平台的建设情况进行评估。特色数据库门户网站是特色库对外服务的窗口，读者通过门户网站访问利用特色库的资源。管理平台主要功能是对特色库的资源、结构、应用统计等方面进行管理和维护。该项一般从以下几方面来评估。在实际的评测中，以现场演示（展示）确定指标值。

1. 页面设计

页面风格是否符合特色库主题、页面布局是否美观、资源组织是否合理，资源导航是否清晰。

2. 资源检索

检索是读者在使用特色数据库时最常用的功能，数据库的检索功能是否完备，检索性能是否快速是衡量特色库的重要指标。检索功能是否完备，主要考察是否支持文字、图片、音视频等不同类型资源的统一检索；是否提供多字段高级检索；是否支持检索值在命中时通过不同颜色进行显示；检索结果是否支持按照多种类型进行聚类导航；是否支持根据统计的检索词出现频率进行相关推荐等。检索性能主要考察检索用时，一般以毫秒为单位，通常在几十毫秒内，该指标数值越低，说明平台检索越快。

3. 文献传递

对于一些因版权等原因，在数据库里没有提供全文的资料，系统是否可以通过文献传递等方式方便获取。

4. 个性化服务

系统是否能够保存读者的检索策略以及收藏信息等，并在此基础上向读者提供推送服务、通知服务、个人空间等服务[①]。

5. 咨询反馈

系统是否允许读者提出建议或进行推荐、发送反馈信息等，可通过邮件或专门设立的意见反馈栏目接收读者信息[②]。

6. 热点推荐

系统是否统计读者的浏览记录，对资源的访问量进行排行，将访问量较高的资源以热门推荐的形式推送给读者，方便读者了解当下最热门的研究方向，拓宽或者启迪研究思路。

7. 利用统计

系统是否提供整个服务平台访问人次，记录查询主题、点击和下载以及读者访问来源等情况，方便了解平台利用情况。

8. 资源管理

系统是否提供资源管理功能，方便工作人员对特色库内所有资源进行编辑录入、审核、搜索和批量转移等管理，便于工作人员灵活管理和发布资源。

（三）利用效果

特色数据库的利用率直接反映出特色库受欢迎程度，特色库的使用情况可通过量化和客观指标来反映，该指标可使用一定时期的数据来评价，也可进行动态评价。其相关指标具体包括：点击率、检索次数、下载数量及读者满意度等。在实际的评测中，通过第三方测评系统以及读者问卷来确定指标值。

第三节　地方文献特色数据库建设案例

2009 年 12 月，绍兴图书馆以《绍剧专题特色数据库》（以下简称《绍剧库》）

① 邓燕萍，王玉平．高校图书馆特色数据库建设评估指标体系的探讨［J］．现代情报，2007（7）：118–120.

② 李明伍，吕先竞．特色数据库系统建设评价指标分析［J］．现代情报，2008（1）：81–84

申报“浙江省文化共享工程资源建设项目”并获得立项，2011 年 1 月项目结项。本节以《绍剧库》的建设实践为案例介绍地方文献特色数据库的建设过程。

一、《绍剧专题特色数据库》的选题

开发和建设特色资源数据库首先要把好选题关，它直接关系到数据库的定位和内容以及数据库的生命力。绍兴图书馆之所以以“绍剧”为特色数据库选题，主要是从社会需求、题材的独特性，以及区位优势三个方面来考虑的。

（一）《绍剧专题特色数据库》的需求分析

绍兴地处东部沿海，经济发达，文化底蕴深厚。绍剧是一个古老的剧种，已有数百年的历史，是绍兴重要的地方文化品牌，入选国家级非物质文化遗产名录。绍剧兴起于绍兴一带，曾流行于绍兴、萧山、宁波、杭州、嘉兴、湖州和上海等地，但随着流行商业文化的影响，绍剧像许多古老的民间艺术一样，也面临着传承和保护的问题。近年来，当地政府高度重视绍剧的保护和发展，成立了绍剧艺术研究院，承担绍剧的保护、研究、传承和发展，并带动了旺盛的相关文献需求，《绍剧库》正是因这一需求而立项。

文献是绍剧文化的重要载体，是绍剧文化研究、保护、开发利用的基础资源。建设《绍剧库》，收集与绍剧相关的各种文献资料，以图、文、音、像等数字化形式加以整理和保存，不但可使绍剧文化得以系统的、全面的保存，更可为绍剧的研究、传承、发展提供有力的文献资料支持。地方特色数据库以互联网为传播和使用平台，使地域特色文化超越时空限制，向全国乃至全球读者展示、宣传绍剧和绍兴，扩大外界对绍剧、对绍兴的了解。

（二）《绍剧专题特色数据库》的特色分析

绍剧具有浓郁的绍兴地方特色，是绍兴对外影响较大的地方文化。绍剧《孙悟空三打白骨精》曾在 20 世纪 60 年代红极一时，因毛泽东、周恩来等党和国家领导当时观看演出后为该剧题写诗词，而声名大振。后又拍摄成电影，在 72 个国家和地区放映，绍剧悟空戏因此饮誉海内外，成了绍剧的标志性美称，也成为绍兴的“名片”。绍剧鲜明的地域色彩和世界声誉，使得这一选题具有不可复制的独特性和强大的品牌效应，充分彰显了绍兴地方文化个性。

（三）绍兴图书馆资源及区位优势

绍兴有专门的绍剧研究机构，民间相关绍剧的文献资源也十分丰富，绍兴图书馆一直关注“绍剧文献”的收集、整理工作。在建设初期，绍兴图书馆就拥有绍剧音视频资料 200 余部、图片 300 余张、图书资料 10 余册。为了更广泛的收集相关资料，图书馆还成立了专门的项目小组，与当地的研究机构和民间收藏者对接联系，使图书馆在资料收集上具有得天独厚的优势。

（四）专家论证

为了保证选题的科学性，绍兴图书馆还组织绍剧研究专家、剧团工作人员、技术专家对选题进行了论证。在论证的过程中也进一步厘清了资源状况和建设主题方向，为后续建设打下了良好的基础。

二、规划《绍剧专题特色数据库》的内容体系

绍剧相关文献资源十分丰富，载体形式包括图书、图片、唱本、剧本、音频、视频、申遗资料、媒体报道等，文献信息复杂纷繁，专业性也很强。在筛选、整理和组织文献的过程中都是在相关专家的指导下，由专业人员和图书馆工作人员共同完成。

根据专家意见结合资源情况，绍兴图书馆对《绍剧库》的建设内容和重点进行了清晰的定位。与一般戏曲类的数据库不同，《绍剧库》并没用大量篇幅讲述绍剧的历史渊源、流派、名家等宏观层面的内容，而是重点反映绍剧所特有的艺术特点。根据这一思路，《绍剧库》的内容更多地收集唱腔、角色、音乐、语言、装扮、演出习俗等方面的资料，经过整理筛选，最终按以下两个层面划分为不同的模块，一是“文献载体层”，按文献载体类型将文献资料分成 3 个资源子库：文字资料库、图片库、影音资料库。二是“内容主题层”，按文献的内容与主题特征，将资料梳理为 6 大主题，15 个子项。具体如表 7–2。

表 7–2 《绍剧专题特色数据库》主题内容表

主题	子项	说明
绍剧剧目	传统剧目	绍剧的剧目颇为丰富，从题材上看，以历史戏居多，家庭戏次之；就其风格特点来说，多为情绪愤慨、斗争激烈、感情奔放的一类戏。剧目反映绍剧的总体特点
	新编剧目	
场上艺术	演艺	通过绍剧的装扮、唱腔、动作等表演方式具体展现绍剧的艺术特点。这也是该库的重点内容，涉及图片、文字、音视频多种文献资料
	装扮	
	砌末	
	音乐	
	语言	
演出习俗	社戏	绍剧班社始在农村演出社戏，它有一套风俗习惯和班规，有与其他兄弟剧种相同的，也有不同于其他剧种的，通过社戏、演出程序展示绍剧的一些演出习俗
	演出程序	
演出场地	演出场所	绍剧班社始在农村演出，演出场所也是因地制宜，较为多样，如庙台、街台、河台等
演出团队	堕民	通过演出团队的发展历程展示绍剧的发展变迁
	班社	
	剧团	
音视资料	音频资料	通过新旧不同时期的音视资料，直观展示绍剧艺术特点及发展变化
	视频资料	

数据库提供分类导航，以及对题名、作者、摘要等主要字段的检索，为读者提供了从载体形态到主题内容，从分类引导到条件检索的多层次的检索服务，如图 7–4。

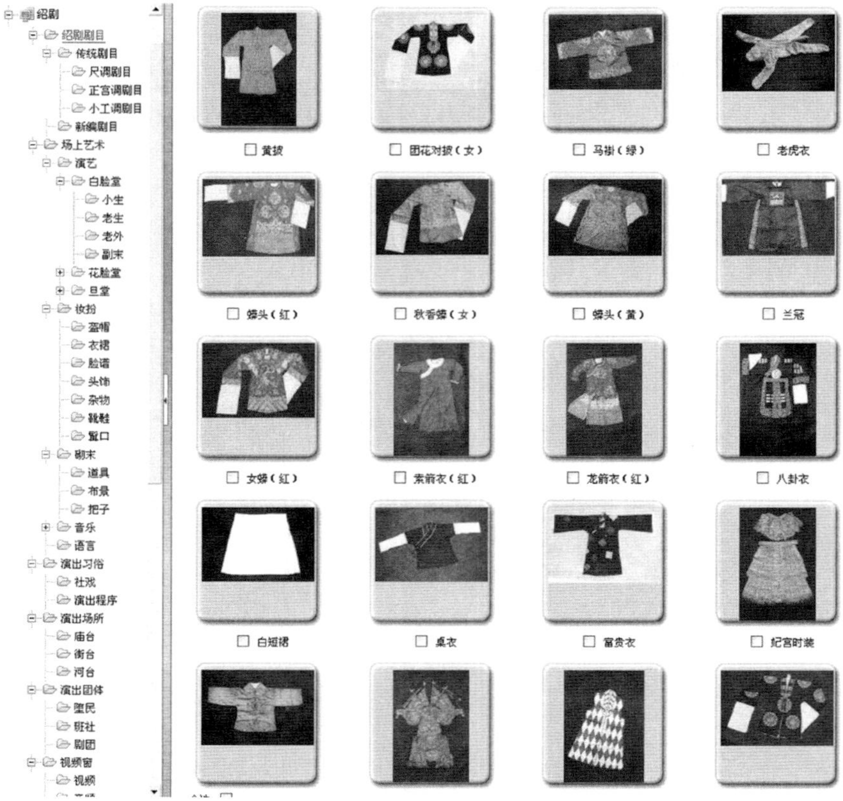

图 7–4 《绍剧专题特色数据库》内容体系—妆（装）扮

三、《绍剧专题特色数据库》的元数据选择

（一）分析资源类型

数据库建设者经过分析，发现《绍剧库》所要收录的的资源包括图书、期刊、报纸、研究材料、图片、唱本、剧本、唱片、磁带、光盘、网络资源等多种类型。由于建库的重点是体现绍剧的艺术特点，因此对于图书、期刊、报纸类资源并不需要整本、整刊录入，只需选取相关内容进行数字化即可，图片、音视频等资料则完整收录。

（二）元数据标准与元素选择

1. 元数据标准选择

《绍剧库》是浙江省文化共享工程资源建设项目，作为全省共享工程特色数据库网络的组成部分，整个项目按照浙江省文化共享工程特色数据库的统一标准和规范进行，而浙江省文化共享工程特色数据库建设标准和规范沿用了国家数字图书馆标准规范体系里的规范和标准，故该库的元数据标准都选自国家图书馆相关数字化标准。

按照元数据标准选择的针对性原则，结合《绍剧库》资源特点，《绍剧库》选定的元数据标准，具体如下。

图片选用了《专门元数据标准与著录规范——图像》标准。

唱片、CD 选用了《专门元数据标准与著录规范——音频》标准。

录像带、VCD 选用了《专门元数据标准与著录规范——视频》标准。

网络资源选用了《专门元数据标准与著录规范——网络资源》标准。

2. 元数据元素选择

根据《绍剧库》资源的具体特点，资源对象的描述元素的选择如表 7–3。

表 7–3 《绍剧专题特色数据库》元数据表

资源	元素	必备性
图片	名称	必备
	创建者	有则必备
	主题	可选
	摘要	可选
	日期	必备
	格式	必备
	来源	可选
音频、视频	名称	必备
	制作者	有则必备
	主题	可选
	摘要	可选
	日期	必备
	格式	必备
	载体	必备
	来源	有则必备
网络资源	名称	必备
	创建者	有则必备
	主题	可选
	摘要	可选
	URL	必备
	日期	必备
	来源	可选

四、《绍剧专题特色数据库》的数据加工

《绍剧库》的数据加工，主要是把收集到的原始素材按照相关规范进行数字化加工和元数据著录，并将加工后的数据纳入数据库建设平台进行发布管理。其加工流程如图 7–5。

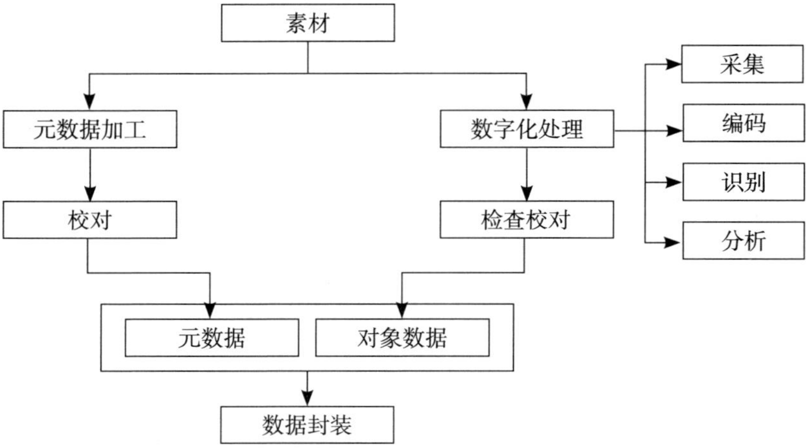

图 7–5 《绍剧专题特色数据库》数据加工流程

（一）资源数据化加工

该库数据主要包括文本资源、图片资源、音频资源和视频资源数据，所有资源经过数字化加工后都会按照事先定义好的命名规则进行命名并保存。文本数据资源一般通过使用扫描仪数字化纸质文献再经过 OCR 识别校对，或者通过采集已有数字化文献进行再加工生成。图片数据资源主要通过数码相机、扫描仪等设备进行数字化采集，再通过图像处理软件对图片进行纠偏、去噪、去污、图像拼接等处理。音视频数字资源主要是通过专用的音视频格式转换工具，提取磁带、CD、VCD、DVD 中的音视频资料并进行相应格式的转换。所有资源的数字化加工都是按照国家数字图书馆标准规范体系的相关标准来进行。表 7–4 为该库资源数字化加工所选择的技术指标。

表 7-4 《绍剧专题特色数据库》资源数字化加工技术指标

<table>
<tr><th colspan="2">资源类型</th><th>用途</th><th>参数</th></tr>
<tr><td rowspan="4">图书、期刊、图片</td><td>印刷型文本</td><td rowspan="2">存储</td><td>分辨率：300dpi
色　彩：黑白或灰度
格　式：TIF</td></tr>
<tr><td>图片以及含插图的印刷型文本</td><td>分辨率：300dpi
色　彩：8 位灰度，24 位彩色
格　式：TIF</td></tr>
<tr><td>印刷型文本</td><td rowspan="2">使用</td><td>分辨率：150dpi
色　彩：黑白或灰度
格　式：PDF</td></tr>
<tr><td>图片以及含插图的印刷型文本</td><td>分辨率：150dpi
色　彩：8 位灰度，24 位彩色
格　式：PDF</td></tr>
<tr><td colspan="2" rowspan="2">音频</td><td>存储</td><td>采 样 率：96/48kHz
量 化 级：24 位
无损压缩
声　　道：5.1 声道
格　　式：WAV</td></tr>
<tr><td>使用</td><td>采 样 率：44.1kHz
量 化 级：8 位或 16 位
音频码率：80~128 kbps
通 道 数：双通道
格　　式：MP3</td></tr>
<tr><td colspan="2" rowspan="2">视　频</td><td>存储</td><td>视频码率：4000 kbps
视频帧率：30~60 fps
分 辨 率：1920 × 1152
音频码率：384 kbps
声 道 数：立体声
采 样 数：48kHz
格　　式：AVI</td></tr>
<tr><td>使用</td><td>视频码率：818 kbps
视频帧率：30 fps
分 辨 率：≤ 480 × 576
音频码率：132 kbps
声 道 数：2 channels
采 样 数：44.1kHz
格　　式：MP4、FLV</td></tr>
</table>

（二）资源录入

绍兴图书馆利用 TRS 内容协作平台（TRSWCM）系统进行资源录入（如图 7–6）。该系统带有分类标引工具，利用该工具把数字化后的资源进行了分类、标引和录入。由于 TRSWCM 采用了可视化界面，操作简单、直观，工作人员可根据页面提示和指引进行相关操作。TRSWCM 系统还支持多用户操作，可实现分布式的并行数据处理，提高工作效率。

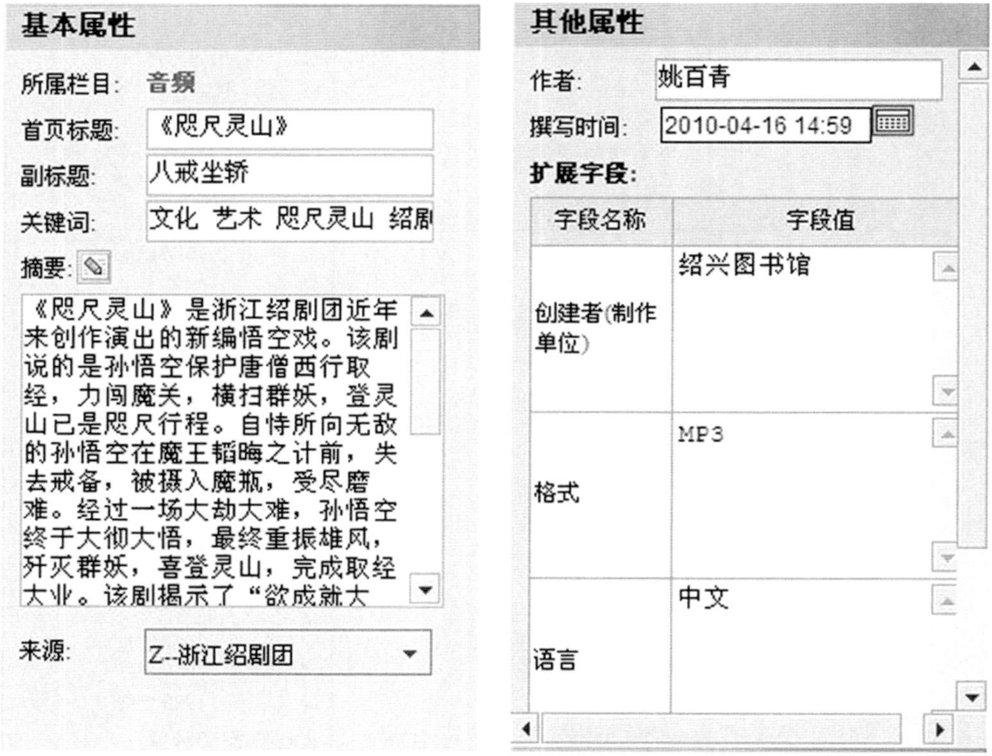

图 7–6 《绍剧专题特色数据库》通过 TRS 内容协作平台录入数据

五、《绍剧专题特色数据库》的资源发布

特色数据库建设有一定规模后，就要将其发布供读者使用。《绍剧库》采用 TRSWCM 系统进行建库，数据录入完成后，即可利用 TRSWCM 系统自动完成数据库的发布，无需人工干预，无需编程。虽然 TRSWCM 系统提供了多种风格的发布模板，但由于现有模板无法较好体现“绍剧”这一主题，所以绍兴图书

馆重新设计了发布模板。新的发布模板古朴、庄重和大气，加入了很多绍剧元素，突出绍剧这一主题。同时在资源组织上，数据库建设坚持“横向载体、纵向内容”的原则，即横向上以文本、音频、影像、图片等不同的文献资料类型作为导航；在纵向上以表演机构、场上艺术、演出习俗等进行设计。另外，还以时间聚类、文献来源聚类等方式来展现整个数据库的资源情况，力图通过门户的分类导航让读者一眼就能概览整个数据库的组织架构并获取对应的数据资源（如图 7–7）。

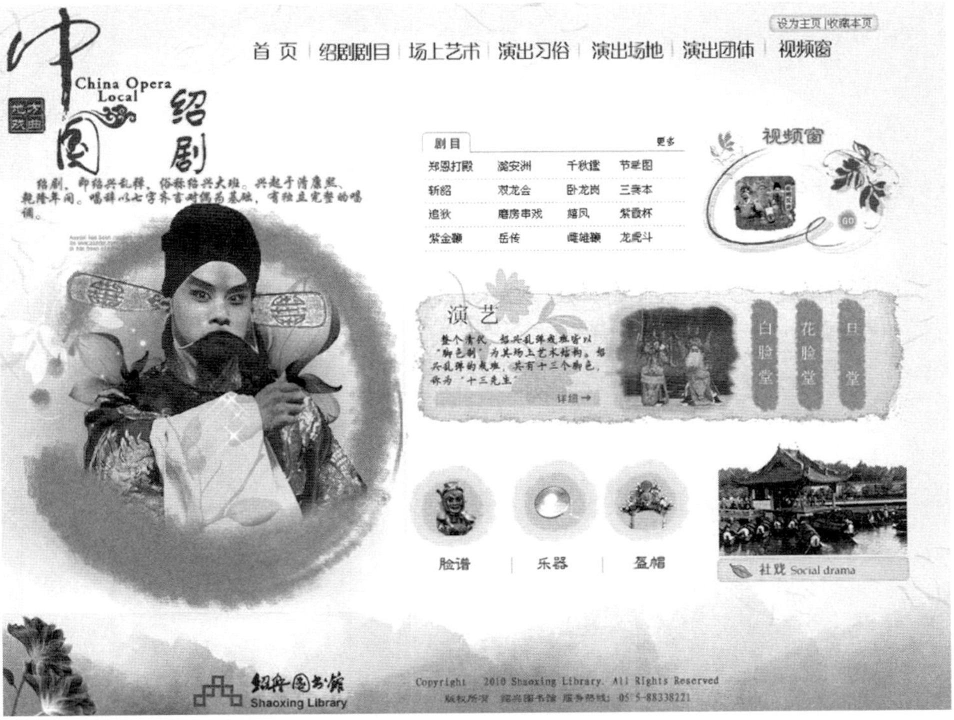

图 7–7 《绍剧专题特色数据库》首页（网址：http://www.gxgc.zjlib.cn:8081/pub/shaoju/index.htm）

六、《绍剧专题特色数据库》的推广与维护

《绍剧库》建好后，绍兴图书馆通过多种途经进行宣传推广。首先在图书馆门户网站首页建立醒目的链接指向新建的《绍剧库》，同时把该库推荐到全省地方特色资源数据库平台，通过该平台使《绍剧库》可以辐射到全省。另外还通过图书馆的宣传电子屏对《绍剧库》进行滚动宣传，通过读者培训活动等机会进行介绍推介，利用读者 QQ 群和工作人员 QQ 群发布该库的信息等。

为了做好《绍剧库》的维护，绍兴图书馆指定相关部门负责后期更新维护工作。技术部负责监测数据库的日常运行，保证数据库的正常运行。历史文献部负责收集新的资料，经整理后会同技术部进行数字化加工并上传至数据库。另外，历史文献部还负责收集数据库存在的问题和用户需求等信息，及时修正数据错误，以确保数据库始终保持良好发展态势，进而更好地为读者提供服务。

第八讲

地方文献阅读推广案例

阅读推广是指个人或组织机构，通过多种渠道、形式和载体向公众传播阅读理念、开展阅读指导、提升市民阅读兴趣和阅读能力。公共图书馆作为藏书机构和阅读的公共场所，推广阅读也是其存在的初衷。《中华人民共和国公共图书馆法》明确规定：公共图书馆应当将推动、引导、服务全民阅读作为重要任务；应当通过开展阅读指导、读书交流、演讲诵读、图书交换共享等活动，推广全民阅读；将阅读推广作为公共图书馆应当免费向社会公众提供的服务之一。可以预期的是，阅读推广必将成为新时代各级各类图书馆深化读者服务的重点业务内容。地方文献作为公共图书馆一种重要的极具馆藏特色的文献，图书馆也应对其积极开展阅读推广，而且地方文献记载了地域的传统文化，对地方文献进行阅读推广，让更多的人了解知晓地方文献，对于传承当地的优秀文化起着重要的作用。

随着图书馆界阅读推广活动的全面升温，地方文献阅读推广工作也逐步兴起。目前国内图书馆开展地方文献阅读推广工作主要通过以下几种方式：一是地方文献展览，包括征集成果展、某一主题的地方文献展、珍贵地方文献展、以推广某种地方文献为目的图片展等；二是地方文献的征集活动，在各种媒体上发布征集启事，在社会大众中宣传地方文献的重要作用，广泛的征集地方文献；三是整合优秀的地方文献资源，建立地方特色数据库，如家谱数据库、地方志数据库、地方特色文化数据库等。

虽然我国很多图书馆都在开展地方文献的阅读推广工作，也取得了一定的成绩，但也存在很多的问题。一是地方文献的阅读推广活动形式比较传统单一，还是以讲座、展览等传统的方式开展，从而使读者对地方文献的阅读推广活动参与积极性不高，这与蓬勃发展的少儿阅读推广活动有比较大的差距；二是地方文献的阅读推广活动受众面较小，主要集中在年龄偏大的文史爱好者，对青少年、未成年人的地方文献阅读推广活动少之又少；三是缺乏地方文献阅读推广人才，近年来，中国图书馆学会在积极开展“阅读推广人”培育行动，但培育对象主要为少儿阅读推广人或经典阅读推广人，缺少对地方文献推广人的专门培训；四是地方文献的阅读推广工作与新媒体平台结合不够密切，地方文献推广也应加快数字化脚步，利用平板电脑、手机应用程序把优秀的地方数字资源便捷地推送到读者面前。

本讲内容例举了长春市图书馆、首都图书馆、绍兴图书馆、湖南图书馆、上海图书馆等五家国内图书馆在地方文献阅读推广方面所作的探索与实践，供大家参考。

第一节　长春市图书馆东北沦陷时期专题史料

作为国家历史文化名城的长春，从 1931 年沦陷到 1945 年，遭到日本帝国主义统治达 14 年之久。此时，日本帝国主义把长春作为伪满洲国的国都，妄图以此为中心控制整个东北，长春市业已成了殖民地城市。这座城市是近代东北亚政治军事冲突完整历程的集中见证地，更是伪满洲国和民国这两段特殊历史时期的见证者。这段不堪回首的历史，为长春留下了众多的历史古迹、文化遗存和文献史料。长春市图书馆自建馆以来就注重东北沦陷时期史料的收录与宣传工作，东北沦陷时期史料已成为该馆的特色馆藏，为了宣传和推广这些珍贵的史料，该馆对这些史料进行数字化，建设专门的特色数据库，并且对东北沦陷时期文学作品进行集成出版，在特殊的纪念日开展系列主题活动，多角度、全方位的的宣传馆藏东北沦陷时期的史料。

一、建立专门的数据库，方便读者查阅

长春市图书馆为方便读者检索信息，更高效利用馆藏，建立专门数据库，汇

集日伪时期史料。

《长春日伪时期史料汇编库》内容涵盖伪满时期政治、军事、经济、文化、外交领域，包括伪满人物、伪满事件、伪满建筑、伪满遗址、伪满老街等资源库群，全面地揭露日本军国主义侵略、掠夺、统治、奴化中国的罪行，再现了当时的历史画面。《东北地方文献索引数据库》，收录了日伪时期东北及满蒙地方文献资料3000多种，其中东北三省孤本就有600多种，这部分资料大多属于日伪时期的政府出版物，它对当时东北各地以及河北、内蒙古部分地区的经济、政治、文化、矿产、交通、工农业地理、风俗都做了较详细的记载，因此，这部分资料是当前编史修志和研究东北历史不可多得的史料。

二、出版发行《东北沦陷时期文学作品与史料编年集成》

图8–1　长春市图书馆《东北沦陷时期文学作品与史料编年集成》

2015年,《东北沦陷时期文学作品与史料编年集成》(图8–1）一书由线装书局出版发行，此书的出版为长春图书馆于2011年启动的一项重点工程。主编刘慧娟是资深研究馆员，曾担任长春市图书馆馆长，长期在图书馆供职，潜心收集、整理和研究东北沦陷时期文学30余年。全书从1931年到1945年每年一卷，加卷前卷，共16卷。《东北沦陷时期文学作品与史料编年集成》是一部具有史料价值的大型多卷书。该书介绍了70余位生活在东北沦陷区的主要作家，内容涉及百余种文学作品，基本包括了一直生活和曾经生活在东北沦陷区的所有作家及其作品。书中对作家的基本情况、从文经历、主要活动和创作、文学主张与创作倾向等做详细介绍。该书共收入包括小说、散文、诗歌、评论等文学作品万余篇，2500余万字，为目前收集东北沦陷区文学作品最多、最全的一部大型多卷书；该书还介绍了东北沦陷《东北沦陷时期文学作品与史料编年集成》区出版的各种文艺刊物160余种。文艺刊物是培育文学发展的土壤和园地，本应与文学的产生和发展同步，但在东北沦陷时期，文学刊物的产生和发展却经历了曲折、复杂和畸形的生存过程。该书对东北沦陷时期出现的各种文艺社团的资料都尽可能地进行了收集，并加以介绍。

三、举办中国人民抗日战争暨世界反法西斯战争胜利 70 周年系列活动

2015 年恰逢中国人民抗日战争暨世界反法西斯战争胜利 70 周年，长春市图书馆利用自身馆藏，在总馆及各分馆开展了一系列活动。总馆活动为："历史照亮明天"系列讲座、东北抗日武装探析和伪满时期东北民众的殖民抗争踏查活动、和平伴我行、新民大街踏查活动、白山黑水英雄赞歌、纪念中国人民抗日战争暨世界反法西斯战争胜利 70 周年图片展、"继往开来"纪念中国人民抗日战争暨世界反法西斯战争胜利 70 周年剪报展、"不灭的烽火"阅读传递及征文活动、"长春，你身边的历史"在线系列展示、"血染的辉煌喋血的记忆"抗战历史文献展阅、东北抗日英烈资料展、"历史这面镜子不能丢"纪念中国人民抗日战争暨反法西斯战争胜利 70 周年相关期刊文献资料展阅和"忆往昔峥嵘岁月稠"红色经典图书推荐等。分馆活动有：纪念抗日战争暨世界反法西斯战争胜利 70 周年猜谜阅读活动、"参观伪满皇宫，重温抗联故事"征文活动、"伟大的胜利"图片展、"长春 9·19 抗战"座谈会和红色记忆故事会等。这些活动对该馆所收藏的东北沦陷时期史料进行了很好的整理和宣传，如纪念中国人民抗日战争暨世界反法西斯战争胜利 70 周年特别展览，共展出 140 多幅珍贵历史图片和原始档案，全面再现了"九一八"事变中长春军民浴血抵抗侵略的历史和 17 位在长春国民党老兵的生平事迹以及他们在和平时期为祖国和平统一大业作出的贡献 [①]。

第二节　首都图书馆"北京记忆"平台

一、"北京记忆"数据库网站

"北京记忆"数据库网站是以首都图书馆百余年馆藏、北京地方文献近 60 年专藏为依托，集信息资源和文化宣传为一体的公共文化服务网站。数据库自

① 王明旭 . 阅读推广背景下公共图书馆的地方文献宣传工作——以长春市图书馆东北沦陷时期史料宣传为例［J］. 图书情报导刊，2016（5）：110–112.

2003年初启动，在2007年4月正式开通，于2017年10月新版改版上线开通。“北京记忆”数据库网站是普及北京历史文化知识而推出的大型历史文化网站，可以浏览北京历经建城3000年、建都800年的历史发展而留存下来的珍贵、权威的数字化信息资源。目前该网站的栏目包括五个一级栏目，分别是：北京文献、索引资源、特色专题、口述历史、非遗传承。其中“北京文献”下分五个子栏目，提供经典北京地方文献全文浏览的“北京文汇”，汇集北京老照片2000余幅的“旧京图典”，展示北京金石拓片3300幅的“燕都金石”，以明清及民国地图为主的“京城舆图”，提供民国时期北京数字化老报纸的“昨日报纸”；“特色专题”包含“古都文化”“胡同文化”“戏剧文化”“民俗文化”等四方面的专题资料，譬如有关老北京的城门旧照、北京老车站的旧照和回忆文字以及北京的风俗、街巷、戏院等图片。“索引资源”提供有关北京历史文化研究方面的报刊资料索引和论文资料索引；“口述历史”是一个与市民互动的栏目，鼓励市民把记忆中发生在身边的故事、历史线索上传，供学者整理、收集、研究，也邀请市民分享老照片，并借此让更多的社会机构、公众都来关注、建设“北京记忆”；“非遗传承”是首都图书馆与北京非物质文化遗产保护中心合作开发的栏目，为广大爱好者和研究者提供一个全面了解北京“非遗”项目传承的窗口，该栏目展示了北京市非遗项目273项，其中国家级126项，分为民间文学、传统音乐、传统舞蹈、传统戏剧、传统技艺等十类，网站中除了以图文的形式介绍每个项目外，还收录了北京电台《非遗时光》大型报道的音频资源，《非遗时光》节目邀请传承人讲传承、讲历史、讲艺术、讲人生、讲故事，真实记录传承人口述史、传统技艺流程、代表剧目节目、仪式规程等信息，从而传播非遗知识、非遗理念、非遗项目和代表性传承人。

“北京记忆”数据库网站收录了大量的历史图片、人物、事件等，全方位记录北京历史的各个层面，不仅有效地保护了珍贵的地方文献资源，也方便了读者，提供了解北京历史、弘扬优秀传统文化的平台，而对这些资源的开发和利用在首都文化建设事业中也将发挥积极作用[①]。

① 图书馆地方文献工作学术交流暨“北京记忆”新版发布会在首都图书馆举行［EB/OL］.［2017-10-13］. http://www.chnlib.com/News/2017-10/354535.html.

二、“首图北京记忆”微信公众平台

“首图北京记忆”微信公众平台依托首图北京地方文献中心相对完善的北京地方文献专藏系统和“北京记忆”数据库网站资源，于 2015 年 8 月开通，向用户实时发送关于北京地方文化的各类历史文化信息资讯。平台设有两级目录，一级目录包括“北京记忆”“地方文献”“各类活动”等三个栏目，“北京记忆”栏目下分“历史上的今天”“文人笔下的北京”“口述历史”等三个子栏目，“地方文献”一级目录下包含“京味儿文化”“人文地理”“京城史话”“京味儿土语”等四个子栏目，“各类活动”栏目下分“讲座”和“新闻”两个子栏目。

“历史上的今天”把北京城自新中国成立以来的历史发展脉络进行梳理和总结，通过“画说”历史的这种直观表达方式，试着重拾历史记忆，让后人知道“昨天”是什么样子，目的是让人们从中去了解这座城市，认识这座城市，热爱这座城市。“京城史话”以连载的形式发布有关北京文化或历史的展览，内容从地方志、典籍、舆图、报刊、照片等方面再现了馆藏部分地方文献，将许多不为人知的地方文献公之于众，大大提高了图书馆地方文献的知名度。“京味儿土语”以连载的形式分享北京土语词汇、短句含义及目前在北京地区流传的情况，使用北京话创作的文学作品有很多，如《红楼梦》《四世同堂》《骆驼祥子》等，微信推文中就引用这些作品中使用的北京土语，加以解释说明。

同时，平台还会推送地方文献中心部门人员自纂稿件，业内新闻资讯，转发首都图书馆举办的各类关于北京民俗民情、历史文化方面的讲座预告、其他微信公众号的文章等。

“首图北京记忆”微信公众平台与“北京记忆”数据库网站两个平台，通过不同的传输终端，推广有关北京的优秀地方文献和信息资源，提高了地方文献的利用率，提升读者对于地方文献保护传承的参与度，为文化学者、普通民众、乡土文化爱好者等不同群体研究、了解北京历史文化提供了巨大帮助，推动了对现有地方文献资源的研究和开发力度，同时也借助社会力量、研究机构不断完善、丰富图书馆地方文献馆藏①。

① 刘堧 . 微信公众平台在图书馆阅读推广中的应用——以首都图书馆“首图北京记忆”微信公众平台为例［J］. 图书馆界，2016（6）：72–74.

第三节　绍兴图书馆地方文献阅读推广的实践与探索

绍兴是全国首批历史文化名城，文化底蕴深厚、文化名人辈出，地方文献资源丰厚。绍兴图书馆地方文献馆藏资源已形成较为完整的体系，资源品种丰富，门类基本齐全。目前有现代地方文献1万余种，2万余册。乡贤稿本遗著、明清及民国初期绍兴雕版印刷书籍、历代方志、地方族谱等古代地方文献近千种，5000余册，地方碑拓500多种。绍兴图书馆设立单独的历史文献馆，收集和保存地方文献和古籍，在地方文献的阅读推广方面进行了有益的探索和实践，为保护和弘扬地方优秀的传统文化作出积极的尝试。

一、文献推荐

以好书推荐的方式把优秀的地方文献传递和分享给读者，是地方文献阅读推广最基础的一种方式。绍兴图书馆除了在地方文献室设立好书推荐专架，还通过以下几个渠道推荐经典的地方文献。

（一）“越人·悦读”——制作地方文献新作微视频

邀请作者本人自己介绍自己的书，包括介绍该书的创作缘由、创作过程、书籍内容特色，绍兴图书馆依靠自己的视频拍摄制作团队进行采访、摄录、后期制作，完成一部3~5分钟的微视频。视频中除了作者本人解说外，插入一些与书籍内容有关或与作者介绍内容有关的镜头，让书籍内容更加生动立体。微视频制作完成后，配上插图和推文，一起推送到绍兴图书馆的微信公众号，从而扩大宣传面。

（二）“悦读时间”——由图书馆员在广播电台推荐优秀地方文献

绍兴图书馆在绍兴广播电台新闻频率开设“悦读时间”栏目，用于推荐和宣传图书馆的服务和资源，一年该栏目的播放频率约为150次，其中有24次用于地方文献工作的宣传和推广，专门安排地方文献馆员介绍馆藏的地方文献，如家谱、地方音像资料、地方老唱片、地方方志、地方古籍和民国时期的地方文献资料等。同时，馆员在节目中还会播报征集通知，把图书馆地方文献征集的要求和方式告诉听众，呼吁听众积极捐赠。

（三）在绍兴电视图书馆设立地方文献好书推荐栏目

绍兴电视图书馆是第二批国家公共文化服务体系示范项目。绍兴的读者只要打开高清有线电视之后点击进入电视图书馆，可以看到包括电视阅读、听书频道、电视学堂等在内的15个频道，功能相当丰富。每个月，绍兴图书馆地方文献室都会推荐三部优秀的地方文献，上传到电视图书馆的“好书推荐”栏目，提供书名、出版社、作者、索书号、内容简介等信息。

二、推广活动

（一）地方文献专题展览

绍兴图书馆围绕地方文化，依托馆藏地方文献，或者借用民间藏家的藏品，举办一些弘扬地方传统文化、推广馆藏珍贵文献资料的展览展示活动。如绍兴酱缸罐头商标集藏展、宁绍地区传统戏曲图片展、戏单遗韵——王德轩老戏单藏品展、红色印记——馆藏绍兴地方党史文献展、莲花落百年展览、梨园掇英——馆藏地方戏曲古籍文献展、馆藏鲁迅文献资料展、馆藏地方碑拓精品展览、馆藏家谱展览、馆藏书画作品展、馆藏地方期刊创刊号展等活动，通过展览，在宣传地方文献工作的同时，扩大了地方文献工作的影响力和辐射面，促进了地方文献的征集工作。

（二）“走读人文绍兴”活动

绍兴图书馆通过带领读者探访绍兴的历史文化名胜，品读相关地方文献，以“边走读，边品悟”的读书方式，邀请地方文史专家带队解说，使读者在走的过程中“读”到绍兴悠久历史、璀璨文化及优美的自然景观。如走读古越藏书楼、鉴湖、沈园、青藤书屋、云门寺、龙山、阳明洞天、三山别业等绍兴名胜古迹。同时，图书馆组织写作和摄影爱好者进行文学和摄影创作，真正让读者在游中读，读中悟，了解绍兴历史，走进绍兴文化。

（三）“越读沙龙”活动

绍兴图书馆与绍兴市越文化研究会、绍兴市乡土文化研究会、绍兴市乡土书画研究会等本地的文史协会、团体联合开展一些有关地方文献、地方文化的沙龙活动，如以“历代名人咏绍兴”为主题的书画沙龙、绍兴酱缸文化话旧沙龙，“千年云门文化”读书沙龙、“心灵导师王阳明”读书沙龙等，主讲嘉宾一般为绍兴本地的文史专家，以某本或某类地方文献为沙龙的分享书籍，嘉宾围绕书籍内容展开解说，读者可以互动交流，活动现场有时还配上赠书环节。

（四）搭建“作家会客厅”

绍兴图书馆和绍兴市作家协会合作推出了“作家会客厅”活动，邀请本地作家，以读书会、座谈会、沙龙等形式，就文学知识、文学欣赏、作品荐读、读书心得等方面与读者进行深度交流与互动。2017 年，“作家会客厅”共开展了 8 场交流活动，邀请了绍兴市作家协会主席马炜、作家协会副主席斯继东、著名作家郑休白等坐堂“作家会客厅”，与广大读者进行了面对面交流，年参与读者近 500 人次，对深度推广绍兴籍人士著作与传播地方文化作了有益尝试。

三、建立地方文献特色数据库

依托馆藏地方文献和绍兴的特色文化，绍兴图书馆先后开展专题文献信息的收集和后期加工整理、数字化等工作，重点建设地方名人专题和特色文化专题数据库，建成了“绍兴祭禹”“兰亭书法节”“中国绍兴黄酒节”“市外媒体报道绍兴新闻集成平台”“绍兴老照片”“绍兴古桥”“徐树兰”“绍兴家谱”等专题数据库。

四、开展绍兴地方文献古籍珍本再造工程

为提高古籍文献研究整理水平，促进地方文献古籍研究成果的出版、利用，绍兴图书馆充分发挥公共图书馆在保护文化典籍、传承地方文化的作用，积极开展古籍地方文献的整理开发。自 2005 年始，绍兴图书馆开始实施“绍兴古籍珍本再造工程”，影印出版了《吴越春秋》《於越三不朽图赞》《会稽三赋》《越谚》《於越先贤传》《越绝书》《绍兴图书馆馆藏地方文献碑拓选》《民国绍兴县志资料》《越风》《国朝嵊诗钞 · 鹿山吟社集》等，特别是《民国绍兴县志资料》，共计二辑，15 函，85 册，其中第二辑系由该馆所藏未刊稿本首次影印。作为一部由传统方志到现代方志转型过程中的代表作，该书沿革清晰，体例完整，资料丰富，

较好地反映了新旧交替时代特征。此外，绍兴图书馆在影印和整理出版方面还加强与其他单位的合作，如与大涵图书有限公司、浙江大学联合出版了《抱经堂丛书》，与绍兴市档案馆、绍兴市家谱协会合编《绍兴家谱总目提要》等。

五、开展“绍兴记忆”口述历史项目

绍兴作为全国首批历史文化名城，具有2500多年建城史，自古以来长期作为区域性政治、经济和文化中心，丰富的名人资源和文化古迹为口述历史提供了丰富的素材。绍兴图书馆于2016年底启动“绍兴记忆”口述历史采访项目，开始制作地方文化名人专题片。在口述历史项目开展过程中，积极与绍兴市乡土文化研究会、绍兴市政协、文史委、绍兴日报社、绍兴市新四军研究会等单位合作，通过协会的力量寻找合适的口述人，通过报社媒体的力量深化口述文字的二次文字传播。截至目前，绍兴图书馆累计已经采访了几十位口述者，其中包括绍兴地区党政退休老干部、地方文史老专家、抗战老兵、外地绍兴籍名人子女等。不仅在绍兴本地进行采集，还远赴北京、上海进行采访，已采集口述录音资料1000多分钟，录像资料1000多分钟，制作成片十余部。后期将形成的文字资料和视音频资料进行保存，并视情况结集成书和光盘出版发行。

口述历史的保护与开展离不开新闻媒体的宣传报道。开展这一项目以来，绍兴图书馆多次邀请本地新闻媒体予以报道，先后在绍兴电视台新闻联播栏目、绍兴日报等媒体进行了集中报道，为口述史的开展造势。全方位、多角度地向读者宣传口述历史的价值和意义，让读者充分了解口述历史的概念和过程，同时在绍兴图书馆自有平台对完成节目进行宣传发布，先后在绍兴图书馆微信号“绍兴记忆”、绍兴电视图书馆、绍兴图书馆网站、绍兴图书馆音像资料平台开设口述历史专题栏，扩大“口述历史”这一项目的知晓度和参与度。

同时，绍兴图书馆也开展地方文化名人专题片的拍摄制作，完成了绍兴书法名家沈定庵、曲艺名家汪嘉宝、戏曲名家吴凤花、钱币设计大师陈坚等文化名人专题片，通过采访拍摄和深入交流，这些地方文化名人会产生把自己的著作、戏曲光盘、藏品捐赠给图书馆收藏的意愿，从而进一步丰富了图书馆的地方文献馆藏。

六、设立地方音像资料室，建地方音像资料数据库平台

2016 年，在绍兴图书馆历史文献馆开设了绍兴音像资料室，专门保存有关绍兴的音像资料（包括照片资料）。音像资料的保存以数字化和实物保存两种方式。实物保存包含唱片、光盘、磁带、照片等载体，在音像资料室开辟专门的库房，制作专门的柜子，对收集到的音像资料进行逐步整理和编目，实行闭架管理。在数字化保存方面，绍兴图书馆建立“地方音像资料数据库平台”（相应的查阅平台见图 8–2），对收集到的资源进行数字化，所有资源在平台上加以分类展示，读者在音像资料室可检索和观看资源。目前绍兴图书馆已收集到包括越剧、绍剧、莲花落、平湖调、诸暨乱弹、新昌调腔等在内的十大曲种剧种的相关视频、地方影视剧、地方专题片、宣传片、节会视频、老照片等音视频资料 1500 余种，这些音视频资料有反映绍兴古街古巷、古桥台门的老照片，也有反映本地民风民俗、方言俚语、传统手工艺、地方传统戏曲的视频、音频，以及反映地方特色产业、非遗项目的专题片。每周六的下午，在地方音像资料室，定期播放地方戏曲片、地方影视片、题材取自本地的动漫片等，或者有时地方戏迷会在此举行越剧或绍剧老唱片的赏析会、戏迷献唱互动活动。

图 8–2　绍兴图书馆地方音像资料查阅平台

第四节　湖南图书馆地方文献资源建设与推广利用实践

湖南图书馆在20世纪80年代初就率先成立地方文献部，后历经调整和完善，建立地方文献专库、专室，成立了湖南人物资料中心，专门从事湖南人物著述、手稿、字画和藏书的收集。目前，地方文献书库收藏中华人民共和国成立以后地方文献书、报、刊近19万册；湖南人物资料中心已搜集到海内外湘籍人士和长期在湘工作的外省籍人士5000多人的信息资料，与3000多人建立了联系，收到3000多人寄赠（捐赠）的著作、手稿及个人藏书6万余册（件）[①]。

一、地方文献资源建设

目前，湖南图书馆有较为稳定的地方文献采购资金，并以逐年递增经费的方式保障了地方文献的采购力度。特别是2007年以来更是加大了对地方文献采集经费的投入，由过去每年几万元增加到目前的100万元；近年来，该馆在地方文献的采购途径和采选类型方面不断探索，以丰富地方文献资源品种。走访各旧书文物市场、参加文物专场拍卖会搜集到不少珍贵的古籍地方文献，同时密切关注出版社动态，与省内各地书商加强沟通联络，积极参加各类书展，形成线上线下互为保障的采购模式。

同时，湖南图书馆以呈缴本制度为基础，创新完善征集工作方法。湖南省委、省政府十分重视地方资料的收集工作，中共湖南省委办公厅、省人民政府办公厅先后联合下发了《关于征集地方书刊资料的通知》及《关于做好征集地方文献工作的通知》，以文件形式确定由湖南图书馆担任全省征集地方文献的具体工作。目前湖南省13家出版社，基本落实了湘版书籍一种两册的呈缴制度。通过省文化厅的相关文件，湖南省规定市级图书馆每年向省馆呈缴地方文献不少于15种；县级图书馆不少于5种，并将此项工作纳入各馆工作的考核任务。出台了《湖南图书馆职工采购征集地方文献工作考核奖励办法》，对本馆职工采购征集地方文献工作的工作机制、工作方式、工作指标、奖励机制等方面进行了要求和说明。

---

① 欧红．荟萃三湘菁华弘扬湖湘文化——湖南图书馆地方文献收藏及整理［J］．湖南科技学院学报，2007（10）：187–189.

规定全馆员工人均每年需完成3种以上地方文献的采购或征集指标，并计入年终考核评价。

湖南图书馆长期以来注重湖湘人物资料的收集和利用。1988年成立“湖南名人文库”，后更名为“湖南人物资料中心”，专事收藏海内外湘籍和在湘工作的各界人士赠书，旨在宣传湖南人物，弘扬湖湘文化。2001年开辟“湖南人物资料参考阅览室”。收到3000余位学者专家赠送的著作、手稿、字画和藏书6万余册（件）。设有“湖南作家文库”“湖南艺术家文库”“综合书库”和毛泽东、徐特立、张舜徽等个人著述专室以及刘永济、谭诚甫、蔡仪、吴相湘、黄永玉、谭盾等若干专柜。该馆在收集社会各界赠书同时，重点收集和保存人物传记、日记、书信、回忆录、图片、多媒体资料、人物研究及参考工具书等，建立湖南人物数据库，逐步建成湖南人物资料的收藏和研究中心。

二、地方文献的推广利用

（一）积极举办地方文献和地方文化宣传展示活动

为推广地方戏剧知识，湖南图书馆举办“走进经典、戏韵三湘——湖南地方戏剧知识进校园活动。”2017年，举办了“千年一脉话濂溪”湖南图书馆纪念周敦颐诞辰1000周年系列活动，包括展览、学术论坛、“圣迹之旅”游学、册府赏珍访谈等活动。通过系列活动让民众了解这位出自湖南的先贤哲人的思想及精神，从而宣传湖湘文化，弘扬优秀传统文化，凤凰网、红网等多家媒体进行同步视频和图文直播，中国中央电视台中文国际频道（CCTV–4）、湖南卫视、湖南经视、新湖南等近50家媒体纷纷报道，近百万人参加了线上线下的活动，引起了良好的社会效应。湘图讲坛、湘图展览、湘图品读会等品牌活动也定期开展有关展示地方特色文献、宣传地方文化的多种活动，加深了群众对湖南厚重文化的了解，受到了读者的欢迎。

（二）稳步推进地方文献数字化和特色数据库建设

逐步对湖南近现代人物、湖南非物质文化遗产、湖南文史资料、湖南年鉴、馆藏湖南“文化大革命”资料等专题的地方文献进行数字化。根据馆藏地方文献资源及地方特色文化信息，建成了湖南非物质文化遗产资源、湖南地方戏剧多媒体资源库、湖南古村镇古民居建筑多媒体资源库、湖南近代人物数据库、湖南红色记忆多媒体资源库。

湖南图书馆在数据库项目建设机制上全部采取自建方式，通过自主拍摄与征集购买有机结合，获得所有数据库项目相关文字、图片、音视频资源及其使用授权。在工作方式上，通过实地调查、走访专家学者、互联网搜索等方式，了解、收集相关资料，进行分析、探讨、研究，所有数据库项目均邀请相关领域和行业专家成立专家组，负责对项目进行专业指导。

“天下湖南网”是湖南图书馆主办的湖湘文化网站，网站以“荟萃人文经典，传承湖湘文化”为宗旨，依托于湖南图书馆丰富的馆藏文献资源，汇集大量的湖南地方特色资源，聚集大批研究湖湘文化的用户，是湖南特色数字资源的集中展示平台，力争成为湖湘文化信息服务和交流的第一平台①。

天下湖南网开设有“家谱族谱”“氏族源流”“湖湘名流”“故事湖南”“湖南风物”“地方文献”“湘人著述”“湖南学术”“国民口述历史”“网上展厅”等特色文化栏目。网站同时提供湖南图书馆自建的海量湖南特色数字资源的检索和使用。

该网站还根据湖湘文化中有影响力的人和事件，策划“湖南书院与文庙”“蔡和森诞辰120周年”“湖南历代女性作家撫略”“黄埔军校湖南人”等一系列专题。网站还举办“湖湘文化沙龙”“寻找城市记忆”等活动，以此弘扬湖湘文化，为群众提供交流思想的平台。

为方便读者交流，天下湖南网还开设有“天下湖南论坛”，论坛以文化为主导，旁涉其他，立足湖南，放眼世界，是读者学习知识、交流思想、愉悦身心的好去处。同时，湖南图书馆还开通“天下湖南”微信公众号，把服务和特色资源通过移动终端推送到读者“手中”，有时在公众号推出手机视频直播，加强与读者的互动，取得良好的效果。

（三）充分揭示和开发湖南地方文献

湖南图书馆已成为全省最大的湖南文献收藏及传播基地，湖南文献及湖湘文化研究的重要机构。其中，地方志、地方史料、家谱族谱、湘籍名人著述、手稿、

① 天下湖南网［EB/OL］.［2018-08-08］. http：//www.txhn.net.

字画、地方报刊等已成为馆藏一大特色。湖南图书馆在加强地方文献征集和收藏力度的同时，注重地方文献的整理与利用，一方面编制书目、索引，向社会公众提供文献查阅服务，为特别需求的单位及重点读者的课题研究提供深层次服务，另一方面也依托湖南省文献资源共建共享协作网平台，开展联合在线咨询、文献传递服务，进而建立社会公共文化服务平台，参与地方文化建设。

除此之外，研究开发、编辑出版湖南地方文献成为湖南图书馆推广和传播优秀湖湘先贤著作和地方文献的重要手段。《湖南图书馆藏近现代名人手札》（岳麓书社 2010 年出版）、《湖南家谱知见录》（湖南教育出版社 2011 年出版）、《湖湘文库》（岳麓书社等 2012 年出版）、《湖南图书馆古旧文献目录丛编》（线装书局 2013 年出版）、《湖南抗战老兵口述录》（湖南出版社 2013 年出版）、《湖南文献撷珍》（湖南人民出版社 2015 年出版）、《湖南地方戏剧知识读本》（湖南人民出版社 2015 年出版）、《湖南抗战亲历者口述录》（湖南人民出版社 2015 年出版）、《湖南文献概论》（岳麓书社 2016 年出版）等编研成果相继出版，为湖湘文化研究夯实了文献史料的重要基础①。

第五节　上海图书馆"上海之窗"

上海图书馆的"上海之窗"项目是"中国图书对外推广计划"（China Book International，CBI）的一个组成部分，通过向境外图书馆及藏书机构捐赠由国内出版的图书，全方位地向境外读者介绍中国历史和文化，宣传弘扬中国悠久文明与文化，以及改革开放以来的新进展。

上海图书馆自新馆成立以来，就积极与世界各地的图书馆开展广泛的图书互换业务，并建立了图书交换业务的协作关系。从 2002 年开始，上海图书馆尝试在图书互换业务的基础上，在境外图书馆内设立"上海之窗"。截至 2016 年 10 月 31 日，上海图书馆在全球 6 大洲 66 个国家和地区的 138 家机构开设"上海之窗"，

① 徐雁，谭华军．把握分众阅读原理，做实分地读物推广——以湖南地方文献主题著述为中心［J］．图书馆，2017（11）：22–28.

包括公共图书馆、大学图书馆、中国在海外各地开设的孔子学院以及各类专业藏书与研究机构等。上海图书馆已经向这些合作伙伴送出累计 93274 册图书。

“上海之窗”的开设旨在弥补境外图书馆中文藏书不足，使海外读者有更多的机会阅读来自中国的最新出版物。来自受赠方的反馈消息表明，这些赠书不仅使当地华人社区读者倍感亲切，亦令海外读者对中国以及上海的风土人情、改革开放后日新月异的变化有了更加深刻的了解和认识。此外，“上海之窗”赠书迎合了海外读者学习中国语言文字、了解中国历史乃至开展学术研究的愿望与需求，因而在当地广受欢迎。

“上海之窗”赠书题材涵盖中国与上海的古代与当代艺术、经济、人物、哲学、文学、文化与民俗传统、历史、自然与人文景观、烹饪艺术、传统中医药学、建筑等；语言版本主要为中文、英文或中英对照，并收录法语、德语、俄语、西班牙语、葡萄牙语、日语、韩语等文种，以适应不同语言地区读者的需要。所有的采购图书均选自近年来国内各家出版社拥有自主版权的出版物。随着海外日益增长的研究需求，一些以汉学、中国及亚洲近代史，以及图书推广地区的当代政治经济研究主题的纯中文出版物也越来越多地受到合作方的青睐。

“上海之窗”的合作每期一般为 3 年。首批赠书一般为 500 种，此后上海图书馆每年还将增补 100 种左右。对所有的赠书，上海图书馆均直接或间接提供书目数据，并可在编目方面给予其他支持。

受赠方按照与上海图书馆达成的协议对受赠图书进行管理。“上海之窗”赠书可在专门的阅览室集中展示，也可以陈列在公共阅览区域所辟的开放书架上，并示以“上海之窗”的指示标志；如陈列空间有限，则可以按分类规则排列，但必须提供在线书目查询以方便读者借阅。受赠图书馆应对赠书进行妥善收藏、分类编目与管理，应有义务对本地读者进行告示，并提供读者阅读和外借这些图书的便利。

受赠图书馆需提交赠书使用的统计数字和分析报告，包括图书的流通量、展示与外借的方式、最受欢迎的图书种类、最感兴趣的读者群等。

近年来，“上海之窗”项目也成为了上海市对外交往的一个重要窗口，许多境外媒体都对赠书活动进行了积极报道，称“上海之窗”为“友谊的桥梁和纽带”，不仅传递了知识与思想，更凝聚着友谊与情感。

因在宣传中国文化、服务境外读者方面的重要作用与贡献，“上海之窗”已经成为上海图书馆乃至上海市的一个外宣品牌，并获得了上海市优秀外宣项目“银鸽奖”等荣誉。

2007年，“上海之窗”开通了官方网站，在宣传项目本身、合作伙伴信息的同时进行图书信息管理。2011年，“上海之窗”网站进行了界面和功能的更新与优化，并新增“上图电子资源”“上图展览”和“馆际互借”等数字资源与服务系统入口，进一步向全球合作伙伴推广上海图书馆的部分馆藏数字资源与服务。同年，上海图书馆还在新浪开通微博，以快捷、时尚的网络推广方式及时发布各类相关信息，图文报道活动实况，解答读者问题，以此加快信息传递速度，创新服务方式，吸引更多的读者即时关注“上海之窗”。2016年，“上海之窗”微信公众号正式上线，这是上海图书馆首个通过手机客户端实现的国际化交流窗口，是馆所外事外宣工作的重要展示，更是“上海之窗”项目服务的一次创新。

为顺应网络化和数字化时代人们阅读习惯的改变和当代图书馆变革的需求，从2013年开始，“上海之窗”项目开展了创新实践——电子赠书服务，并开通了电子书服务网站（http://windowofshanghai.library.sh.cn/eresources_cn.html）。自网站开通以来，上海图书馆根据合作伙伴的使用需求和项目自身的发展需要不断调整电子赠书的内容和品种。目前，该网站总计提供10059种电子书、227种工具书、30种报纸，以及7563种中国数字化期刊，拥有IP地址（Internet Protocol Address，互联网协议地址）认证和授权账号两种登录方式。全新的电子赠书服务旨在让海外读者能够更快速、更便捷地阅读到来自中国的最新出版物，并享受中国最先进的电子阅读体验。自此，“上海之窗”的赠书范畴包含了纸质和电子两大种类。

“上海之窗”努力走进更多海外读者中去，同时加强自身管理和维护借助项目所构建的世界性的图书馆网络，在图书交流的基础上，探索并拓展其他业务的合作模式[①]。

① 上海之窗［EB/OL］.［2018-08-08］. http://windowofshanghai.library.sh.cn/profile/10.

后　记

地方文献阅读推广是弘扬传承地域传统文化的重要手段，近年来越来越多的图书馆开始重视地方文献读物的阅读推广，也涌现出不少优秀的推广案例。2017 年 12 月，中国图书馆学会启动《阅读推广人系列教材（第三辑）》的编撰，提出了地方文献读物阅读推广教材编写任务，绍兴图书馆承担了此项编写任务。

为做好本书的编写工作，2017 年 12 月 16 日，绍兴图书馆馆长王以俭组织相关人员召开了本书的编辑会议，确定了全书的框架体系和书稿的写作分工。全书共八讲，从理论概述、资源建设、空间设计、数字化、阅读推广、案例介绍等方面对地方文献建设及其阅读推广进行了系统的梳理和探讨，具体编写分工如下。

第一讲《地方文献概述》、第二讲《图书馆地方文献资源建设》，由绍兴图书馆馆长、研究馆员王以俭撰写。

第三讲《地方文献藏阅空间设计与专题馆建设》、第八讲《地方文献阅读推广案例》，由绍兴图书馆历史文献部主任、副研究馆员夏飞凤撰写。

第四讲《地方文献的分众阅读推广》，由绍兴图书馆信息咨询部主任黄蓉撰写。

第五讲《地方文献中人物资源的整合与阅读推广》，由绍兴图书馆历史文献部许武智撰写。

第六讲《地方史志与阅读推广》，由嘉兴市图书馆地方文献部主任、嘉兴图书馆馆刊《味书轩》执行编辑郑闯辉撰写。

第七讲《地方文献数字化、数据化与特色数据库建设》，由绍兴图书馆副馆长、信息系统项目管理师廖晓飞撰写。

本书编者都是图书馆馆员，既有图书馆的管理人员，也有从事地方文献工作的一线人员，在本书成书的过程中，编写组同志倾注了大量的时间和精力，利用工作之余，精心编撰，数易其稿，终于付梓。尽管参与编写的人员付出了极大的努力，但限于条件和能力，深知本书存在着很多缺点和不足，敬请图书馆同行和业内专家学者批评指正。

廖晓飞

2019 年 5 月 20 日